Gloria Becker

Soll ich – soll ich nicht?

Warum wir zögern und zweifeln

Gloria Becker

Soll ich – soll ich nicht?

Warum wir zögern und zweifeln

EDITION
TAG &
TRAUM

2012

ISBN 978-3-943816-00-6
© edition Tag & Traum UG, Köln 2012
Alle Rechte vorbehalten. Nachdruck, auch auszugsweise, nur mit schriftlicher Genehmigung des Verlags.
Lektorat: Esther Domke
Druck und Bindung: Klicks GmbH, Ilmenau – Printed in Germany
Umschlaggestaltung: Marcel Kozik, Kozik Konzept Markendesign
Titelfoto Turmspringer © Klaus Eppele – Fotolia.com
Foto Gloria Becker: George DuBose

Inhalt

Die Macht des Unbewussten 9

1. Was tun? 19

Sag du, was ich tun soll 20
Sich nicht schuldig machen wollen 33
Die Qual der Wahl 44
Vielleicht? 47
Der ganz große Wurf 51
Null Verzicht 53
Vergangen ist (nicht!) vergangen 59
Risikoscheu 78

2. Engelchen und Teufelchen 81

Ein kindlicher Zwiespalt 82
Zwei Seelen in einer Brust 84
Tabuschranke 86
Ambivalenz 91
Jein 98
Gier 100
Antriebslähmung 104
Traum eines Zauderers................................ 107
Der geheime Sinn der Zwangs-Symptomatik ... 122
Hab ich`s getan oder nicht? 124
Identitätsdiffusion 142

3. Vor der Tat ... 145

Aller Anfang ist schwer ... 145
Ein Ruck im Getriebe ... 149
Die Angst vor dem Sprung ... 154
Es gibt keine Garantie ... 158
Fünf vor Zwölf ... 159
Kitzel ... 161
Roulette – Rien ne va plus! ... 162
Lampenfieber ... 174

4. Von der Tatkraft ... 189

Die Bedeutung von Ritualen ... 189
Tatmenschen ... 192
Nicht von des Gedankens Blässe angekränkelt ... 194
Die Kraft der Intuition ... 197
Angstfrei? ... 201

5. Lob des Zweifels ... 205

Gegen den Strom schwimmen ... 207
Methodischer Zweifel ... 210
Schöpferische Schwebe ... 211
Unauflösliche Widersprüchlichkeit des Seelischen ... 212

6. Etwas tun! ... 217

Do it yourself ... 218
All-Macht ... 220
Jede Veränderung braucht einen Anfang ... 222
Empört euch! ... 226

Macht kommt von Machen 229
Die Macht des Volkes 231
Aktivisten.com 233
Demokratie lässt Zweifel zu 235

Literaturverzeichnis 239

Abbildungen 246

Die Macht des Unbewussten

Wissen wir immer, was wir wirklich wollen? Im Alltag stehen tagtäglich unzählige Entscheidungen an, die von größerer oder geringerer Tragweite sind. Man tut häufig etwas und lässt anderes bleiben, ohne dass man sich darüber ausgiebig den Kopf zerbricht. Es wird gewählt, gehandelt und nicht lange gezögert. Im Verlauf eines Tages sucht man unentwegt aus einer Fülle von Möglichkeiten eine Alternative zur Realisierung aus und verwirft die anderen. Dies geht meist quasi automatisch vor sich, ohne dass man sich dessen bewusst wird. Ein weitgehend reibungsloser Ablauf des Tagesgeschäfts wird auf diese Weise gewährleistet. Wer sich beim Handeln selbst über die Schulter schaut, kommt aus dem Tritt.

Jeder von uns kennt aber auch mehr oder weniger quälende Verfassungen, in denen die Wahl nicht gerade leicht fällt. Unangenehm wirkt sich ein Zaudern beispielsweise beim Einkaufen aus. In der Bäckerei oder an der Wursttheke ist zügiges Bestellen gefragt, denn man mag die Geduld der hinter einem Wartenden nicht überstrapazieren. Angesichts der Riesenauswahl kann man allerdings unfähig werden, herauszufinden, was man denn überhaupt wirklich will. Andere erleben eine kürzere oder manchmal auch ausgedehnte Handlungsblockade, wenn sie sich bei einer Speisekarte voller verlockender Gerichte kaum auf eins davon festlegen mögen. Nur mit größtem Bedauern mögen sie auf die anderen verzichten. Manche besuchen für den geplanten Kauf eines Möbelstücks, Elektrogeräts oder Fahrrads unzählige Geschäfte oder Internetseiten, fertigen umfangreiche Excel-

Tabellen an, um halbwegs den Überblick zu bewahren und eine annähernde Vergleichbarkeit herzustellen – und vertagen den Kauf mit allerlei Begründungen, da sie vor lauter Bäumen den Wald nicht mehr sehen. In der Hoffnung, alsbald ein günstigeres oder dem bislang optimal erscheinenden doch noch überlegenes Objekt zu finden, legen sie die Entscheidungsfindung zunächst mal wieder auf Eis. Wochen, Monate oder gar Jahre vergehen …

Bei schwerwiegenderen Fragestellungen kann diese Ratlosigkeit so zugespitzt werden, dass man langfristig unfähig wird, eindeutig Stellung zu beziehen. Es wird dann nicht selten versucht, mehrgleisig zu fahren oder mit allerlei Tricks und Selbsttäuschungen um eine Entscheidung herumzukommen. Sich Trennen oder Bleiben wird zu einer quälenden, manchmal Jahrzehnte währenden Frage, die nicht entschieden beantwortet werden kann. Dreiecksbeziehungen sind häufig Musterbeispiele eines solchen Hin- und Hergerissenseins, das nicht mit, aber auch nicht ohne die Anderen kann.

Was Entscheidungstheoretiker mit komplizierten Modellen, die vorrangig einer rationalen Logik Rechnung tragen, berechen- und handhabbar zu machen suchen, vollzieht sich in der Regel, ohne dass wir uns darüber im Klaren sind. Dass dabei anderes mitspielt als das rein vernunftmäßige Abwägen, wird selbst von Kognitionspsychologen zunehmend ins Kalkül gezogen, wenn von Bauchgefühl oder Intuition gesprochen wird. Auch Neurowissenschaftler[1] müssen einräu-

---

[1] S. u. a. Damasio, Antonio R: Ich fühle, also bin ich. Die Entschlüsselung des Bewusstseins. München 2000

men, dass von nicht zu unterschätzender Bedeutung ist, wie sehr unser tägliches Leben von der „Intelligenz des Unbewussten" gesteuert wird. Je komplexer und unübersichtlicher eine Situation ist, umso eher ist das intuitive Erfassen, das viel mehr Informationen zu verarbeiten vermag, dem rationalen Denken überlegen. Die rechte Gehirnhälfte, die ganzheitlich, komplex, integrativ und assoziativ arbeitet, ermöglicht es, blitzschnell zu Lösungen zu gelangen, die durch ausgiebiges Nachdenken nicht erzielt werden können. Das, was wir wissen, von dem wir aber nicht wissen, dass wir es wissen, beeinflusst uns mehr, als es der rational denkende Mensch wahrhaben will.

Entscheidungstheoretische Modelle sortieren die möglichen Kriterien unserer Wahl nach sogenannten „Multi-Attributiven-Nutzen-Optionen"[2]. Dabei pflegt man Präferenzreihen zu bilden, die je nach Wichtigkeit der einzelnen Ziele in einer Rangfolge geordnet werden. Abgesehen davon, dass Menschen sich nicht selten schwer damit tun, säuberlich zu unterscheiden, was dafür und was dagegen spricht – dies kann nämlich ineinander übergehen – vermögen sie zudem nur mit Mühe, Hierarchien von Nützlichkeit zu entwickeln.

Unberücksichtigt bleibt außerdem, dass man sowohl hin und wieder Dinge tut, die nicht unbedingt einen Nutzen versprechen, als auch manches Mal wider die Vernunft handelt, wohl wissend, dass es durchaus sinnvoller sein könnte, einen

---

[2] Zur Entscheidungstheorie siehe: Jungermann, Helmut; Pfister, Hans-Rüdiger; Fischer, Katrin: Die Psychologie der Entscheidung. Heidelberg ²2005; Eisenführ, Franz; Weber, Martin: Rationales Entscheiden. Berlin ²1994; s. a. Prospect Theory von: Kahnemann, Daniel; Tversky, Amos: Choices, Values and Frames. New York 2000

anderen Weg zu beschreiten. Hin und wieder lässt man auch eine Chance zum Handeln vergehen, obwohl man letztlich nichts Fassbares anführen kann, das dagegen spräche, zuzupacken. Ein anderes Mal kauft man nach langer Prüfung aller möglichen „sachlichen" Kriterien schließlich nicht unbedingt das, was unter „objektiven" Gesichtspunkten dem besten Preis-Leistungs-Verhältnis entspricht, sondern trifft die scheinbar „schlechtere" Wahl.

Man ersteht einen Dekorationsartikel, z. B. „weil" der Verkäufer so nett wirkt und es einem Leid täte, ihn abzuweisen, oder „weil" die Atmosphäre im Lädchen so anheimelnd anmutet und man guter Dinge oder in Urlaubsstimmung ist. Manchmal nimmt man ein suboptimales Kleidungsstück mit, wenn man nach langer vergeblicher Suche müde geworden ist und möglichst umgehend, aber keineswegs mit leeren Händen nach Hause kommen möchte. Man bevorzugt eine Schokolade oder eine Dosenmilch, die im Werbespot oder Slogan sympathisch wirkt und ein berührendes Bild erzeugt. Anderes verschmäht man aus Protest, verärgert über den öffentlichen Auftritt der Marke oder weil unliebsame Nachrichten über den Hersteller einen betroffen machen. An Produkten kann stellvertretend etwas ausagiert werden, was im Grunde gesellschaftliche Verhältnisse meint. Treue lässt einen an einer Marke festhalten, obwohl ein zwischenzeitlich entwickeltes Konkurrenz-Produkt viel besser für den entsprechenden Zweck geeignet wäre. Gegenbeispiele für die Dominanz von einfachen Kosten-Nutzen-Rechnungen bei der Wahl für oder gegen ein Produkt ließen sich endlos viele finden.

Bereits 1964 versuchte Ernest Dichter in seinem Buch „Strategie im Reich der Wünsche"[3], einen Begriff davon zu geben, wie vielschichtig und überdeterminiert Kaufentscheidungen psychisch strukturiert sind. Er sprach davon, dass ein Auto eine „Persönlichkeit" sei und einen Symbolwert habe, um kenntlich zu machen, dass viel mehr im Spiel ist als PS, Hubraum und andere technische Daten. In Zusammenhang mit dem Kauf eines Autos spielt z. B. eine „Mobilität, die nahe an einen schwebenden oder fliegenden Zustand herankommt"[4], ein cruisendes Fließen und Gleiten, neben einem ultraschnellen In-Gang-Kommen-Wollen eine wichtige Rolle. Im Wort „Automobil" steckt eine Selbst-Bewegung, die Autonomie und Freiheit verspricht. Man fährt Auto, um zu beweisen, dass man unabhängig sein kann, und „weil die Welt so groß ist"[5] und einlädt, sie zu erkunden, in ähnlicher Aufbruchsstimmung wie Kinder beim Laufenlernen neugierig die Welt zu erobern beginnen. Außerdem geht es darum, mit anderen Schritt zu halten bzw. sie zu übertrumpfen und zu zeigen, dass man kontinuierlich weiterkommt. Autofahren ermöglicht es, Aggression auszuleben und mit der (Lebens-) Gefahr zu spielen. Fantasien, die die Markennamen erzeugen, Formen, Farben und Geräusche vermitteln die ganz eigenen sinnlichen Qualitäten eines Fahrzeugs, das auch erotische Konnotationen aufweist. Nicht nur attraktive Models bei der Vorstellung neuer Modelle, die wie Kunstwerke enthüllt und wie Objekte der Be-

---

[3] Dichter, Ernest: Strategie im Reich der Wünsche (1961). München 1964. S. 319-353
[4] Ebenda, S. 338
[5] Ebenda, S. 329

gierde liebkost werden, beleben diese verführerische Seite. Das schnurrende Geräusch des Motors, das „faucht und brüllt, wenn man aufs Gaspedal tritt"[6] (s. a. Mazda-Werbespots mit „Zoom Zoom") kann den letzten Ausschlag für den Kauf eines Wagens geben, sodass Sound-Designer dem Klang der Türen und anderer „Musik", die ein Auto erzeugt, besondere Aufmerksamkeit schenken.

Kulturelle Veränderungen wirken in besonderer Weise auf Entscheidungsprozesse ein. Gegenwärtig kommen beim Autokauf z. B. Schuldgefühle wegen des Klimawandels zum Tragen, die 1964 gar kein Thema waren. Aktuellen Tendenzen entsprechend geht es heutzutage stärker um Kontrolle, die sich u. a. in einem punktgenauen Abbremsen, im airbagartigen Abfedern von Risiken und in der Abgabe von Verantwortung in Richtung einer zunehmenden Automatisierung ausdrückt. Nachdem Einparkhilfen, sogar mit Rückfahr-Kamera, und Spurhalte-Assistenten zunehmend Standard werden, geht die Entwicklung in Richtung des selbst fahrenden Wagens per Autopilot. Die sinnlichen Qualitäten treten mehr und mehr zugunsten von nüchterner Funktionalität und Sparsamkeitsgesichtspunkten zurück, doch wollen sich die Menschen das gewisse darüber hinausgehende Etwas nicht ganz nehmen lassen.

Nützlichkeit und Praktikabilität allein ist kein schlagendes Verkaufsargument. Nicht Wichtigkeitspyramiden, sondern ganzheitliche Bilder entscheiden darüber, ob wir tatsächlich einen Kauf abschließen oder nur damit liebäugeln und letztlich doch wieder davon Abstand nehmen. Dieser

---

[6] Ebenda, S. 323

Vorgang ist übersummativ; dies bedeutet, es ist mehr als ein messbares Abwägen von Argumenten und Gegenargumenten. Es sind ganze Universen, die gekauft werden, um sie, im Ding, das man ersteht, materialisiert, mit nach Hause zu nehmen und in seinen Alltag zu integrieren. Man erwirbt eine Verheißung auf Verwandlung, wie morphologische Analysen zutage fördern[7].

Frustkäufe, die kurzzeitig eine Unruhe zu dämpfen suchen und sich bis zur Kaufsucht steigern können, sodass sich die kompensierenden Tröstungen zu Hause meist ungenutzt stapeln, zeugen auch nicht gerade von rationalen Nützlichkeitserwägungen. Die Menschen horten heutzutage in ihren Haushalten generell eine riesige Anzahl an Objekten, die sie kaum oder gar nicht in Gebrauch nehmen.

Die wirklichen „Motive" kann man nur in einer eingehenden Analyse herausfinden. Es sind komplexe, in der Regel unbewusste Motivationsgefüge, die zu einem Kauf hinführen oder diesen torpedieren. Wenn man Unbewusstem auf die Spur kommt, zeigen sich höchst widersprüchliche, prinzipiell paradoxe Konstellationen, die nicht auf einen schlichten Nenner zu bringen sind. Ängste und Hemmungen verweisen auf unfassbare, ungeheuerliche Zusammenhänge, die man stillzulegen trachtet, was allerdings nie ganz gelingen kann. Die Beunruhigung wirkt weiter, obwohl ein Riesenaufwand getrieben wird, um sie zu dämpfen. Ambivalente Grundspannungen, die mit rationalen Kategorien nicht

---

[7] Zur morphologischen Psychologie s. Salber, Wilhelm (1965): Morphologie des seelischen Geschehens. 3. überarb. Aufl. Bonn 2009
Zur morphologischen Markt- und Medienforschung s. Salber, Wilhelm (1995): Wirkungsanalyse. Bonn

zu begreifen sind, sind auch im scheinbar banalen Kaufverhalten am Werk. Im Seelischen kann man durchaus Pro und Kontra zugleich sagen, indem man versucht, zwei sich nach logischen Gesetzmäßigkeiten gegenseitig ausschließende Züge unter einen Hut zu bringen. Zweifel und Unentschiedenheit basieren auf dieser elementaren Doppelgesichtigkeit der Psyche.

In der psychologischen Analyse kann sich dann z. B. zeigen, dass eine kaufsüchtige Frau haufenweise schöne Kleider in meterlangen Schrankfronten sammelt, ohne sie zu tragen, weil sie sich insgeheim nach beeindruckenden Auftritten verzehrt, sich aber zugleich, aus einem weit in der frühen Kindheit liegenden ungelösten Konflikt heraus, unbedingt verbietet, mit anderen Frauen zu konkurrieren. Sie kauft und kauft, und steht dann endlos vor der überwältigenden Kollektion. Schließlich rührt sie all die prachtvollen Gewänder nicht an, sondern trägt alte unansehnliche, schwarze Kleidung auf, mit der sie sich zur trauernden Dienstmagd macht. Sie wagt es nicht, verführerisch zu wirken und als imposante Erscheinung zu glänzen, sondern stellt ihr Licht unter den Scheffel. Diesem scheinbar unsinnigen Vorgehen liegt psychologisch System zugrunde, das in jedem einzelnen Fall individuell angeschaut und in seinem Wirkungsgefüge beschrieben werden muss, um es behandeln zu können. Einfache, allgemein gültige Erklärungsmuster gehen dem nicht auf den Grund. Die Entstehungsgeschichte des „Symptoms" gilt es, in ihrem tief geheimen Sinn zu verstehen – erst dann kann man es auflösen.

Umfangreiche Literatur zur Entscheidungstheorie, die vor allem in betriebswirtschaftlichen Fragen hinzugezogen wird, möchte Instrumente bereitstellen, die ermöglichen, das Konsumentenverhalten vorauszusehen, um es steuernd beeinflussen zu können. Man hofft, einem ausgedehnten Zögern entgegenzuwirken und einen Anstoß in Richtung Kauf zu geben. Mit komplexen mathematischen Formeln und tiefen Blicken ins Gehirn kommt man den unbewussten Beweggründen jedoch nicht auf die Spur. Psychologisch erklären, was geschieht, wenn man sich trotz vermeintlich optimaler Optionen und maximalem Gesamtnutzen (MAU: Multi-Attribute-Utility) nicht entscheiden kann, können diese Modelle kaum. Auch Faktoren wie „Risikofreude" bzw. „Risikoaversion" vermögen dies nicht bis ins Letzte schlüssig zu begründen. Mit aufwendigen Methoden, die an unbewusste Prozesse heranführen, decken qualitative Marktforscher auf, was Käufer und Nichtkäufer bewegt.

Was psychologisch vor sich geht, wenn Menschen in einer Schwebe verharren und weder das eine noch das andere zu wählen vermögen, ist bisher kaum untersucht worden. Es existieren einige psychoanalytische Arbeiten[8], die dieses Phänomen in Zusammenhang mit neurotischen Symptomen

---

[8] S. u. a. Freud, Sigmund: Bemerkungen über einen Fall von Zwangsneurose (1909): In: Studienausgabe. Bd. VII Zwang, Paranoia und Perversion. Frankfurt/M., 2. korrigierte Aufl. 1973, S. 31-103; Adler, Alfred: Zwangsneurose (1931). In: Adler, Alfred: Psychotherapie und Erziehung. Ausgewählte Aufsätze. Bd. II. 1939-1932. Frankfurt/M. 1982, S. 85-105; Stekel, Wilhelm: Zwang und Zweifel. Berlin, Wien 1928; Fenichel, Otto: Hysterien und Zwangsneurosen. Psychoanalytische spezielle Neurosenlehre. Wien 1931; Mentzos, Stavros: Neurotische Konfliktverarbeitung. Einführung in die psychoanalytische Neurosenlehre unter Berücksichtigung neuer Perspektiven. Frankfurt/M. ^{22}1984; Benedetti, Gaetano: Psychodynamik der Zwangsneurose. Darmstadt ^{2}1989

aufgreifen. Der Literaturwissenschaftler Joseph Vogl hat in seiner Antrittsvorlesung das Zaudern in Literatur und Kunst untersucht. Darin widmet er sich jedoch ausdrücklich „weniger den alltäglichen Blockaden oder Hemmungen", jenen „Mikrodramen und Schauplätzen"[9], die zum Leben gehören.

Eben diese Alltagsphänomene sind Gegenstand dieses Buches. Auch belastende Formen des Zweifelns, in denen es weder vor noch zurück geht, werden beschrieben, und es wird dargestellt, wie unbewusste Wirksamkeiten diese leidvollen Zustände erzeugen. Passagen aus Grimmschen Märchen beleuchten verschiedene Perspektiven des Zweifelns und machen transparent, was alles mit am Werk ist, wenn Menschen nicht wissen, was sie wollen.

Ein seelisches Räderwerk in seiner konstitutiven Widersprüchlichkeit in seinem Funktionieren abzubilden, ist nur schwerlich in einem kausallogischen Nacheinander darstellbar, da einzelne Züge sich konträr gegenüberstehen oder ineinandergreifen bzw. einander überlappen. Wie in einer Schichtaufnahme legt deshalb jedes Kapitel einen anderen Querschnitt an, um verschiedene Seiten des Ganzen nach Art eines Prismas sichtbar zu machen.

---

[9] Vogl, Joseph: Über das Zaudern (2007). Zürich-Berlin ²2008, S. 25

1. Was tun?

Soll ich oder soll ich nicht? Diese elementare Frage geht jedem Entschluss voraus. Im Bindewort „Oder" scheint der Zwiespalt auf, bei dem mehrere Varianten nebeneinander stehen und eine Wahl dazwischen ansteht. Nehme ich das eine oder das andere konkret in Angriff? Die Frage impliziert ein Innehalten, in dem Handlungen ausgesetzt sind und eine Richtungsgebung erfolgen soll. Wo soll's hingehen? Unzählige Male im Verlauf eines Tages läuft dieser Prozess ab, meist unmerklich, ohne dass wir ernsthaft ins Trudeln kämen. Ziehe ich den grünen oder den roten Pullover an, belege ich das Brot mit Schinken oder mit Marmelade, nehme ich die Einladung an etc.? Gravierender sind Fragestellungen von lebensentscheidender Tragweite, die manchmal lange gewogen werden, bevor man sie mit „Ja" oder mit „Nein" beantwortet. Doch selbst dann, wenn nicht viel davon abhängt, für welche Variante man sich entscheidet, kann es zu einer Pattsituation kommen, die eine konsequente Haltung erschwert oder gar unmöglich macht. Welche seelischen Mechanismen und Konflikt-Konstellationen dabei im Spiel sind und wie man sich aus solch einer Klemme befreien kann, helfen die Grimmschen Märchen zu verstehen.

Im Märchen *König Drosselbart*[10] ist der stolzen Königstochter kein Freier gut genug. Wie sie einen nach dem anderen abweist und noch ihren Spott mit den Bewerbern treibt,

---

[10] Brüder Grimm: König Drosselbart, KHM 52. In: Kinder- und Hausmärchen. Herausgegeben und mit einem Nachwort versehen von Carl Helbling. I. Bd., Zürich [12]1986, S. 352-359

macht deutlich, wie man eine Entscheidung dadurch auf den Sankt Nimmerleinstag vertagt, dass man an allem etwas zu kritisieren hat.

Als sie durch die Reihe der Könige, Herzöge, Fürsten, Grafen, Freiherrn und Edelleute geführt wurde, fand sie kein gutes Haar an den Bewerbern. „Der eine war ihr zu dick, 'das Weinfass!' sprach sie. Der andere zu lang, 'lang und schwank hat keinen Gang.' Der dritte zu kurz, 'kurz und dick hat kein Geschick.' Der vierte zu blass, 'der bleiche Tod!' Der fünfte zu rot, 'der Zinshahn!' Der sechste war nicht gerad genug, 'grünes Holz, hinterm Ofen getrocknet!' Und so hatte sie an einem jeden etwas auszusetzen, besonders aber machte sie sich über einen guten König lustig, der ganz oben stand und dem das Kinn ein wenig krumm gewachsen war. 'Ei', rief sie und lachte, 'der hat ein Kinn wie die Drossel einen Schnabel'; und seit der Zeit bekam er den Namen *Drosselbart*." Der Vater der Prinzessin wird schließlich zornig und macht dem ein Ende, indem er sie dem erstbesten Bettler zur Frau gibt, der vor seine Tür kommt.

Sag du, was ich tun soll

Menschen, die Festlegungen meiden, verhalten sich häufig so, dass sie das Entscheiden gern an jemand anderen delegieren. Das endlose Festhängen zwischen allen Stühlen fordert Freunde und Angehörige heraus, einen Schlusspunkt zu setzen. Wie der Vater im Märchen, der darüber erzürnt war und durch seinen Eingriff Fakten schuf, fühlen sie sich dazu genötigt, dem Untätigen einen Schubs zu versetzen. Sie leiden manchmal mehr unter der offenen Situation als der Betroffene selbst.

Dieser sucht Anlehnung und lässt sich gern führen. Häufig bindet man sich an Partner, die genau zu wissen meinen, wo es langgeht. Da diese ausgesprochen geradlinig und konsequent sind, fühlen sich Unentschiedene zu ihnen besonders hingezogen. Als Gegengewicht sollen sie kompensieren, was man selbst nicht gut beherrscht.

Die Kunst des Delegierens

Diese Menschen sind gewitzt darin, Helfer einzuspannen, um selbst nicht mühevoll herumwerkeln zu müssen. Sie bringen andere geschickt dazu, ihnen die Arbeit aus freien Stücken abzunehmen. Dies geschieht nicht selten, indem sie ein Nicht-Können vorgeben oder sich demonstrativ ungeschickt anstellen, sodass man ungeduldig daneben steht und irgendwann lieber selbst Hand anlegt, als stümperhafte Arbeiten umständlich später ausbessern zu müssen.

So versucht mancher Jugendliche, WG-Mitbewohner oder Partner mit zwei „linken Händen" darum herumzukommen, mit allerlei Hausarbeiten betraut zu werden. Nach der zehnten Nachfrage, wie man es denn im Einzelnen genau machen soll, kann man als ungeduldiger Zuschauer kaum der Versuchung widerstehen, doch lieber selbst tätig zu werden.

Gretel stellt sich im Märchen *Hänsel und Gretel*[11] ebenso unbeholfen an, als sie von der Hexe aufgefordert wird, in den Backofen zu kriechen, um nachzuschauen, ob recht eingeheizt sei, damit das Brot hineingeschoben werden könne. Sie spricht: „Ich weiß nicht, wie ich′s machen soll; wie komm ich da hinein?", als sie merkt, dass die Hexe sie und Hänsel darin braten möchte, um die Kinder verspeisen zu können. So kann Gretel ihr bevorstehendes schlimmes Schicksal abwenden und der Menschenfresserin, die selbst den Kopf in den Backofen steckt, um vorzumachen, wie es geht, den eigentlich ihr zugedachten kräftigen Stoß versetzen, sodass diese „elendiglich verbrennen" muss.

Fähnlein im Winde

Wenn das Zepter scheinbar aus der Hand gegeben wird und man dem anderen die Führung und Vorgabe der Richtung überlässt, braucht man keine eigenen Vorlieben zu entwickeln. Die Unschlüssigen laden gerne andere dazu ein, ihnen ein Gepräge zu geben. Es verwundert zunächst, wie man in einer bedingungslosen Gefolgschaft einmal so und einmal so agieren kann, je nachdem, an wen man sich jeweils anlehnt, ohne in ein aufwendiges seelisches Hin und Her zu kommen.

Bei dieser Lebensmethode kann man sich jedoch selbst eigentümlicherweise gar nicht untreu werden. Was den An-

---

[11] Brüder Grimm: Hänsel und Gretel. KHM 15. In: Kinder- und Hausmärchen. A. a. O., I. Bd. S. 120-132

schein eines Wendehalses macht, hängt damit zusammen, dass man keine eigene Gestalt entwickelt, aus der klare Linien und deutliche Unverträglichkeiten erwachsen. In fast unermesslicher Flexibilität vermag man sich anzupassen und in fremden Fußstapfen zu gehen. Gäbe es einiges, das einem besonders am Herzen läge, und anderes, das man gar nicht leiden kann, zeigte man ein unverwechselbares Gesicht. Sobald man nämlich zu erkennen gibt, dass einem etwas widerstrebt oder dass man etwas unter keinen Umständen aufgeben möchte, bekennt man Farbe. Dies erfordert jedoch Festlegungen, zu denen man sich als chronischer Zweifler nicht durchringen kann.

Stures Beharren oder energischer Widerstand sind also nicht zu erwarten, was den Umgang miteinander aber nicht unbedingt einfacher macht, denn man weiß nie genau, woran man bei solch einem Menschen ist. Die Führung kann durchaus wechseln – was Mutter, was die oder der Liebste, was die beste Freundin oder der gute Kumpel meint, wird jeweils zur Handlungsmaxime. Die Leitlinien können sich dann durchaus widersprechen, ohne dass ein psychischer Widerstreit entsteht. Opportunistisch wird das jeweils Angesagte befolgt. Dies geschieht jedoch nicht vorrangig, um sich irgendwelche Vorteile zu verschaffen, sondern vor allem, um Konfrontation und Stellungnahme zu vermeiden. Liebesbindungen, die nach diesem Schema gelebt werden, brechen meist auseinander, wenn das Verhältnis von Bestimmt / Unbestimmt, von Führen und Folgen, nicht mehr funktioniert.

Wer hat das Sagen?

Sobald einer von beiden gegen diese Aufgabenteilung rebelliert, geht es nicht mehr miteinander. Es kann allerdings durchaus auch zu einem abrupten Seitenwechsel kommen. Das beschriebene psychologische Muster greift auch, wenn dominanter und unterwürfiger Part einfach nur vertauscht werden. Es ist immer wieder beeindruckend, in Behandlungsprozessen wahrzunehmen, wie schlagartig dies geschehen kann. Davon wird auch im Märchen *König Drosselbart* erzählt: Die Verhältnisse geraten darin in solche 180°-Drehungen – die herablassende Königstochter wird zur Dienerin; Hochmut wendet sich in Erniedrigung. Der abgewiesene, erniedrigte Bewerber kann über sie herrschen und wird zum ersehnten Traumprinzen.

Im Märchen setzt dies bereits damit ein, dass die Königstochter dem Befehl des Vaters zu gehorchen hat. Bald darauf muss sie sich bücken, um durch die niedrige Haustür in das kleine Häuschen, in dem das arme Paar leben wird, eintreten zu können. Diese Körperhaltung symbolisiert eine Unterwerfungsgeste.

Elias Canetti hat in seiner Analyse „Masse und Macht"[12] beschrieben, wie die Stellungen, die Menschen zueinander einnehmen, Machtverhältnisse abbilden. Wenn einer steht und der andere sitzt; wenn einer erhöht sitzt, während die anderen stehen; wenn jemand auf die Knie fällt, drücken sich darin hierarchische Beziehungen aus.

---

[12] Canetti, Elias (1960): Von den Stellungen des Menschen: Was sie an Macht enthalten. In: Canetti, Elias: Masse und Macht. Frankfurt/M. 27 2001, S. 459-484

Dass der König Drosselbart in Gestalt eines reitenden Husaren die Töpfe in tausend Scherben tritt, die die auf dem Markt sitzende Königstochter feilhält, bildet ebenfalls dieses Gefälle ab. Wiederholt lässt er sie ihre Ohnmacht spüren. Sie muss seinen Anordnungen Folge leisten und sich für ihre Tollpatschigkeit noch tadeln lassen. Schließlich muss sie sogar als Küchenmagd am Hof des Königs „die sauerste Arbeit tun" und wegen ihrer Ungeschicklichkeit Gelächter und Spott ertragen.

Auch in einigen anderen Märchen werden Macht-Beziehungen umgestülpt, u. a. in *Aschenputtel*, *Der Raunzen, das Hütlein und das Hörnlein* und vor allem in den Märchen *Die Gänsemagd* und *Fitchers Vogel*, die durch einen besonders rasanten Umschlag von Herrschaft in Unterlegenheit und umgekehrt gekennzeichnet sind. Auch im Märchen *Der Gestiefelte Kater* gelingt es dem Kater, den mächtigen Zauberer zu besiegen, indem er ihn herausfordert, sich in eine Maus zu verwandeln, die leichte Beute des Katers wird.

© Manuel Kurpershoek, Katz und Maus

Wie bereits beschrieben, gewinnt auch Gretel der Hexe gegenüber dadurch die Oberhand, dass sie sich hilflos stellt. Im Märchen *Die Gänsehirtin am Brunnen* entpuppt sich die bedürftige Alte, die das Mitleid eines jungen Mannes weckt, sodass er sie huckepack auf dem Rücken trägt, als hexische, fast unerträglich schwere Last, die ihm übel zusetzt und die er nicht so leicht wieder loswerden kann. Die Erlebensstruktur des Spielfilms *Dogville* von Lars von Trier (Dänemark 2003) vermittelt eindringlich die seelischen Qualitäten dieses Märchenbildes[13].

Drehungen von Führen und Folgen

Man darf sich also nicht vom äußeren Anschein täuschen lassen. Was bei dieser Aufteilung auf zwei Personen in den Märchen anklingt, beschreibt nämlich ein paradoxes Ineinander von Allmacht und Ohnmacht. Aus diesem Grund ändert ein Seitenwechsel nicht fundamental die Gesamtlage. Als Dienerin kann man durchaus machtvoll operieren; der vermeintlich Beherrschende kann zu-gleich abhängig und gefangen sein. Sadomaso-Spiele betreiben solch ein erregendes Indem von aktiv-passiv, Dominanz und Unterwerfung. Fesselungstechniken und zwanghafte Rituale der Erregung bilden dieses gegenseitige Einbinden ab.

Bei der beschriebenen Methode liefert man sich zwar scheinbar dem anderen aus, dem man vermeintlich willenlos

---

[13] Dahl, Gloria: Qualitative Film-Analyse: Kulturelle Prozesse im Spiegel des Films. In: Forum Qualitative Sozialforschung, Volume 5, No. 2, Mai 2004. www.qualitative-research.net/fqs

folgt, doch sucht man die Macht keineswegs aufzugeben. Einerseits wird signalisiert, dass man in einer schlimmen Zwickmühle steckt, aus der man sich nicht selbst befreien kann, sodass der andere einem unbedingt anzeigen soll, was man tun soll, andererseits gibt man die Führungsgewalt nicht wirklich aus der Hand und behält sich vor, jederzeit anderen Vorbildern zu folgen. Der Rat wird zudem nicht unbedingt auf eine Art und Weise befolgt, die diese Wahl wirklich zur eigenen macht. Mit halbem Herzen setzt man um, was nahegelegt wurde. Die Freiheit, nach Gusto schon bald wieder ganz anders zu agieren, bleibt unbenommen. Insgeheim hält man weiterhin an der Multi-Optionalität fest.

Helfer-Syndrom

Es ist manchmal schwierig, der teilweise dringlich gestalteten Aufforderung zu widerstehen, die Entscheidungsnot, in die offenbar jemand gekommen ist, zu beenden. Man neigt dazu, zu übersehen, dass dieses Helfen auch übergriffigen Charakter hat. Niemand kann wissen, was gut für den anderen ist. Man begibt sich als Helfer in eine überlegene Position, in der Wohl und Leid des anderen vermeintlich von der eigenen Einschätzung abhängt. Indem man sich zu einem Bedürftigen herunterbeugt, kann man sich selbst überlegen fühlen, denn in diesem karitativen Akt hat man etwas zu geben und ist nicht selbst auf Hilfe angewiesen. Aus diesem Grund fällt es zuweilen schwer, dem Gutmensch-Bild zuwiderzuhandeln. Das Ungleichgewicht von Über- und Unterlegenheit, Abhängigkeit und Unabhängigkeit, das darin suggeriert wird, entspricht aber nicht unbedingt den psychologischen Verhältnissen. An der Angel zappeln schließlich beide – Hilfsbedürftiger und Helfer.

Wenn man einen helfenden Beruf ausübt, ist es deshalb besonders wichtig, sich zu vergegenwärtigen, dass durchaus selbstsüchtige Motive mitwirken, um dem Mutter-Teresa-Image nicht selbst aufzusitzen. Es erstaunt nicht, dass Suchterkrankungen und ein Ausgebranntsein bei diesen Berufsgruppen besonders häufig beobachtet werden. Auch bei ehrenamtlichen Aufgaben und bei Freiwilligendiensten sollte man sich deshalb darüber klar werden, welchen immateriellen Lohn man insgeheim erwartet. Enttäuschungen und schwelende Konflikte sind sonst vorprogrammiert, wie in der Supervision in solchen Institutionen regelmäßig zutage tritt.

Nein!

Man muss manchmal auch stur wegsehen können, wenn demonstrative Hilflosigkeiten und Bedürftigkeiten an tatkräftigen Beistand appellieren. Einige neigen dazu, sich wie Christophorus das Gewicht der Welt auf den Rücken zu laden und sich dadurch mächtig zu überheben. Sie fühlen sich permanent angesprochen. Ein „Nein" kommt ihnen so gut wie nie über die Lippen, da sie in Überschätzung ihrer Potenz die Grenzen ihrer Belastbarkeit tendenziell zu ignorieren pflegen.

Maßhalten und konsequentes Neinsagen, das nicht im Handumdrehen wieder zurückgenommen wird, können solch einer Selbstvereinnahmung entgegenarbeiten. Erziehungsschwierigkeiten basieren nicht selten darauf, dass an der Weigerung, den Kindern alles abzunehmen und sie sogar als Pubertierende noch zu pampern, nicht durchgreifend festgehalten wird. Aus Bequemlichkeit und Konfliktscheu erledigt man schnell selbst, was den Kiddies aufgetragen wurde, wenn diese, wie es meist der Fall ist, nicht umgehend anpacken, was ansteht. In scheinbar stoischer Gelassenheit übersehen diese das sich auftürmende Chaos und überhören wiederholte Ermahnungen in der Hoffnung, dass die Eltern irgendwann letztlich doch entnervt für Ordnung sorgen, wenn sie nicht über ein ähnliches Durchhaltevermögen verfügen.

Taktische Begriffsstutzigkeit

Auch im beruflichen Kontext kann es manchmal durchaus sinnvoll sein, sich sozusagen dumm, blind oder taub zu stellen. Angesichts der immer höheren Anforderungen im Arbeitsleben und der sogenannten Arbeitsverdichtung müssen Menschen manchmal zu solchen Methoden greifen, um nicht an den Rand ihrer seelischen Kraft zu geraten. Eine krankmachende Überforderung kann drohen, wenn unmissverständlich vermittelte Kapazitätsgrenzen und ein energisches Abgrenzen immer wieder, von Vorgesetzten, aber auch vom Arbeitnehmer selbst, außer Acht gelassen werden. Außerplanmäßige Verschnaufpausen sowie Zeiten des Leerlaufs werden zunehmend möglichst wegrationalisiert. Effektivität soll durch Qualitätsmanagement mehr und mehr gesteigert werden. Vermeintlich Unproduktives gilt es aufzudecken, um es möglichst auszumerzen. Paradoxerweise führt dieses Vorgehen dazu, dass die Leistungsfähigkeit im Gegenteil noch ausgehöhlt wird. In Alltag und Freizeit setzt man diese gehetzte Vielgeschäftigkeit noch unter eigener Regie fort.

Auch wenn „Burn-Out" zur Mode- oder gar Pseudo-Diagnose erklärt wird, ist nicht zu leugnen, dass die zunehmenden Klagen über Müdigkeit bis zur totalen Erschöpfung ein ernstzunehmendes Indiz für das Überstrapazieren seelischer Verhältnisse darstellen. Antriebslosigkeit und Depression sprechen eine Sprache, die in ihrem Sinngehalt aufgeschlüsselt werden muss, um das Zustandekommen von Lähmung und Trauer zu verstehen. Krankheit und Zusammenbruch sind in der Regel die letzten Reißleinen. Gerade fleißige, diensteifrige und behände Mitarbeiter geraten leicht in eine kaum zu stoppende Aktivitätsmühle, die auf einen Kollaps zutreiben kann. Je mehr sie meistern, umso mehr glaubt man, ihnen aufladen zu können.

Ein geschicktes Zurückspielen des Balles, manchmal sogar, indem man Inkompetenz vorschützt, erscheint dann als letztes Mittel, um nicht von einem das Tragbare überschreitenden Arbeitspensum „aufgefressen" zu werden. Die hochtourige Arbeitswelt ruft geradezu wieder eine Beamtenmentalität auf den Plan, die zu-nächst eingehend die Zuständigkeit prüft, um möglichst berechtigt an andere abgeben zu können. Wenn ein gerade noch zu bewältigendes Maß überschritten wird, kann man sich fast nur noch mit einem Abweisen der vorgegebenen Dringlichkeit und einer gezielten Verlangsamung des Prozesses helfen. Eine eigene Tendenz, sich zu übernehmen und alles an sich zu reißen, weil man anderen nicht zutraut, die Aufgabe so gut bewältigen zu können wie man selbst, wirkt dem manchmal entgegen.

Abschottungstendenzen

In einem Songtext aus 2011 ist davon die Rede, dass man erstmal kurz noch die Welt retten und 148 Mails checken müsse, bevor man zur Geliebten kommen könne[14]. Gegen Ende des Liedes stehen schon 148.713 Mails zur Beantwortung an. Wer heute aus dem Urlaub an den Arbeitsplatz zurückkehrt, findet eine kaum zu überschauende Flut an Nachrichten vor und weiß angesichts der vielen hochdringlich (Prio1 mit rotem Ausrufezeichen) anstehenden Aufgaben kaum noch, was zuerst und was zuletzt abzuwickeln ist. Auch private Mails können sich zu erdrückender Zahl anhäufen. Von Spam-Überschwemmungen, die Viagra und anderes anpreisen, ganz abgesehen, führt der kurze Übertragungsweg dazu, dass man jedes Anliegen sekundenschnell an den Adressaten bringen kann. Einige helfen sich inzwischen aus dieser Not, indem sie ankündigen, alle während ihrer Abwesenheit eingehenden Mails radikal zu löschen, oder indem sie Mails, die mit der unverbindlichen Anrede „Hallo" oder „Guten Tag" beginnen, unbesehen in den Papierkorb verschieben.

Menschen, die relativ gelassen mit überdimensional anwachsenden To-Do-Listen umgehen, setzen gekonnt zeit-

---

[14] Tim Bendzko: Nur noch kurz die Welt retten. Song auf der CD: Wenn Worte meine Sprache wären. 2011

weise Scheuklappen auf. Sie können mit dem zwingenden Aufforderungscharakter der Aufgaben variantenreich umgehen. Wenn man sich pausenlos bewusst macht, was alles auf ein unverzügliches Tätigwerden drängt, wird man handlungsunfähig. Wenn Mitarbeiter in einigen Unternehmen heute mit Kopfhörern im Großraum-Büro sitzen, versuchen sie, die permanent anflutenden Aufforderungen und ablenkenden Eindrücke auszuschalten. In autistisch anmutender Versenkung blenden sie ihre Umgebung aus, um nicht ununterbrochen aus Abläufen herausgerissen zu werden.

Das Seelische entwickelt Mechanismen, um mit der Überforderung fertig zu werden. Die 24/7-Erreichbarkeit führt dazu, dass man trickreich Abwesenheit simulieren muss, wenn man nicht real abtauchen kann. Man ist zwar im Raum und doch meilenweit weg. Ließ man sich früher, in Zeiten ohne Anrufbeantworter und eingeblendeter Nummer des Anrufenden, am Telefon verleugnen, wenn man nicht Rede und Antwort stehen wollte, so kann man heute quasi nur technische Defekte vorschieben, um eine ausbleibende Antwort zu rechtfertigen. Dass eine Mail ihr Ziel nicht erreicht habe, ist selten glaubhaft vorzuschützen, wenn kein MailDeliverySystem eine Fehlleitung angezeigt hat. Es gibt kaum ein Entkommen, es sei denn, man macht völlig dicht und geht konsequent offline.

Ein trotziges Verweigern angesichts der Reizüberflutung kann allerdings auch dazu führen, dass die Abschottung dermaßen perfektioniert werden muss, dass kaum noch etwas durchzudringen vermag. Ein hartnäckiges und fast durchgängiges Neinsagen kann das Problem nicht dauerhaft lösen. Man gerät dabei in die Gefahr, in seinem eigenen Universum unerreichbar für Korrektive der Wirklichkeit zu werden. Der Filter wird fast vollkommen undurchlässig, statt dosiert zuzulassen, was sich Gehör verschaffen will, wenn man sich außerstande sieht, Präferenzen zu sortieren. Da sich ständig neue allerhöchste Prioritäten dazwischenschieben, gerät das mühsam geschaffene Ordnungssystem in rasender Geschwindigkeit wieder durcheinander.

Maßverhältnisse entscheiden über die Angemessenheit des Umgangs mit der Wirklichkeit. Wer durchgängig zu allem Ja und Amen sagt, gerät ebenso in Schwierigkeiten wie derjenige, der sich im Abblocken festbeißt. In der psychotherapeutischen Behandlung geht es deshalb darum, ein bewegliches Zusammenspiel von widerstreitenden Kräften zu entwickeln, bei dem von Fall zu Fall variabel vorgegangen wird. Dies bedeutet keineswegs, dass ein farbloses Mittelmaß anstrebenswert sei. Extreme Positionen zwischen Alles und Nichts sollen jedoch nicht krampfhaft um jeden Preis aufrechterhalten werden. Zwischentöne erweitern das Repertoire. Statt Schwarz/Weiß oder Einheitsgrau schimmern dann viele Nuancen auf, sodass die Palette der Bewältigungsformen reichhaltiger werden kann. Wenn man sich dem Beängstigenden stellt, kann man daran wachsen.

Sich nicht schuldig machen wollen

Das Abgeben der Entscheidung durch Anlehnung an andere dient vor allem dazu, um Haftung für das eigene Tun herumzukommen. Derjenige, der die Empfehlung gegeben hat, soll für die Folgen geradestehen. Wenn das Essen nicht schmeckt, das Kinoprogramm enttäuscht, das Kleid doch nicht richtig sitzt oder auch wichtigere Weichenstellungen im Nachhinein als ungünstig gebahnt beurteilt werden, soll der andere schuld sein. In dem Augenblick, in dem er eine bestimmte Marschrichtung vorgeschlagen hat, ist er in die Schuld-Falle getappt. Die Verantwortung wird auf den wohlmeinenden Richtungsweiser abgewälzt, der den Ärger über die Mangelhaftigkeit des Gewählten zu spüren bekommt. Dank ist dem Helfer nicht unbedingt sicher, sondern häufig ist sogar das Gegenteil der Fall. Siehste!, heißt es hinterher, hätte ich nur nicht auf dich gehört! Vorwürfe macht man nicht sich selbst, sondern dem anderen, der sogar dann das Verkehrte getan haben kann, wenn er sich gar nicht zur Anfrage geäußert hat: Hättest du mich doch gewarnt, das hättest du doch wissen müssen etc. Wie man sich auch verhält, immer hat man den schwarzen Peter gezogen.

Im Märchen *Der Frieder und das Catherlieschen*[15] liegt der Schwerpunkt auf dieser Variante der Schuldzuweisung. Catherlieschen, die es ihrem Mann Frieder „schon recht machen" will, richtet dadurch, dass sie nicht weiß, was sie zuerst und was sie zuletzt machen soll, und deshalb mehreres gleichzeitig betreibt, allerlei Unheil an. Sie beginnt mit einer Handlung, schiebt aber parallel eine andere ein, was letztlich eine verheerende Kettenreaktion zur Folge hat. Während die Wurst in der Pfanne brät, lässt sie im Keller Bier in eine Kanne laufen, bis ihr einfällt, dass der Hund die Wurst aus der Pfanne holen könnte, woraufhin sie in die Küche läuft,

---

[15] Brüder Grimm: Der Frieder und das Catherlieschen. KHM 59. In: Kinder- und Hausmärchen. A. a. O., I. Bd., S. 410-420

den Hund mit der Wurst im Maul bis übers Feld verfolgt, derweil das Bier den Keller überschwemmt. Nie bringt sie eine Handlung zu Ende, sondern ist in Gedanken schon bei der nächsten.

So ergeht es in der heutigen Zeit vielen, die im Multitasking mehrere Eisen gleichzeitig im Feuer haben, was im Märchen eine katastrophale Wirkung hat. Man hat so viele Punkte auf seiner Agenda, dass man nicht mehr weiß, womit man überhaupt anfangen soll. Alles erscheint gleich bedeutsam, sodass eine Auswahl und eine Priorisierung unmöglich werden.

Die Reparaturversuche verschlimmbessern die Lage noch, doch das Catherlieschen verkennt, was sie angerichtet hat: „Wie's so reinlich und sauber hier aussieht!", freut sie sich, nachdem sie das ausgelaufene Bier mit einem Sack Weizenmehl aufzusaugen suchte. Als der Frieder die Bescherung sieht und klagt: „Das hättest du nicht tun sollen", zieht sich Catherlieschen jedes Mal mit den Worten aus der Affäre: „Ja, Friederchen, das habe ich nicht gewusst, hättest mir's vorher sagen sollen."

Trickreiche Manöver

Sie ist sich keinerlei Schuld bewusst. Alles, was sie tut, kann sie sich schönreden. Kippt die Kanne Bier für den Mann schließlich auch noch um, spricht sie: „Es ist ganz recht", „wo eins ist, muss das andere auch sein." Wenn sie nicht mit dem Schritt ihres Frieder mithalten kann, meint sie: "Ist mein Vorteil", "wenn wir umkehren, hab ich ja ein Stück voraus."

Die Wirklichkeit wird mit gewitztem Deutungsgeschick so ausgelegt, dass es passt und dass man sich jegliche Form von Selbstvorwürfen ersparen kann. Diese Methode lässt sich in der Psychotherapie gut beobachten, wenn Deutungen, die aufrütteln und hinterfragen sollen, nahtlos in das System integriert werden. Es ist verblüffend, wie die Dinge dabei zurechtgebogen und Worte im Mund umgedreht werden können. Was zum Innehalten und Umdenken anregen könnte, wird schlichtweg überhört oder gar als Bekräftigung ausgelegt. Beunruhigungen werden auf diese Weise geschickt zu entschärfen gesucht.

Wenn man sich streitet, kann man diese Seelenkunst auch live miterleben. Ein Herunterspielen und Verharmlosen geht mit dem Versuch einher, den Spieß umzudrehen. Schuldfragen werden hin- und hergeschoben und dabei ziemlich raffiniert verunklärt. Am Ende ist es keiner gewesen. Das Seelische ist sehr wendig und findet immer wieder Schlupflöcher, um ungeschoren, heißt ungewandelt, davonzukommen.

Etwas lassen und es zugleich tun

Im weiteren Verlauf des Märchens nimmt Catherlieschen die Bitte ihres Mannes außerdem auf eine Weise wörtlich, dass genau das Gegenteil von dem bewirkt wird, was der Mann sich wünscht. Dies grenzt schon an Sabotage und bringt auf pointierte Weise einen Zug zum Ausdruck, der mit der Anlehnung an einen Ratgeber verbunden ist. Man folgt aufs Wort und begehrt zugleich dagegen auf. Frieder fordert sie auf, die vergrabenen Goldstücke, die er als gelbe Gickerlinge bezeichnet, während seiner Abwesenheit unangetastet zu lassen. Gehorsam und ungehorsam zugleich fordert sie die Krämer, die begehrten Töpfe feilbieten, auf, sich die Gickerlinge selbst zu nehmen, da sie ja davonbleiben müsse. So kann sie behaupten, sich korrekt verhalten zu haben, und doch den mühsam ersparten Besitz ihres Mannes verausgaben. Später soll sie das Haus verwahren und riegelt auch ordnungsgemäß die Obertüre zu, hebt aber zugleich die Untertüre aus und nimmt diese mit sich, sodass das Haus nun für mögliche unwillkommene Besucher völlig offen steht.

In diesem Bild wird deutlich, wie sie einerseits im Sinne der Order tätig wird, zugleich aber das Gegenteil des Intendierten ausführt. Dies erinnert an Dienst nach Vorschrift. Man tut, wie geheißen, und lässt die Weisung doch ins Leere laufen, führt sogar noch den Schaden herbei, der ausdrücklich vermieden werden sollte. Solch ein Vorgehen operiert zweigleisig, handelt und unterlässt zugleich.

Konfliktvermeidung

Als sich das Paar am Ende vor Dieben schützen muss und auf einen Baum flüchtet, sichert sich das Catherlieschen ab, bevor sie die Hutzeln (Dörrbirnen) auf die Diebe hinab wirft. Erst, als Frieder sehr bestimmt sagt: „Nun, so tu's ins Henkers Namen!", handelt sie. Mehrfach braucht sie erst eine resolute Aufforderung, die über jeden Zweifel erhaben ist. Umdeuten, Wörtlichnehmen und das Einfordern von glasklaren Anweisungen dienen dazu, die prinzipielle Komplexität des Seelischen zu vereindeutigen, um sich einen Zwiespalt zu ersparen.

Das ewige Einerseits-Andererseits versucht einen Spagat, um sich Widersprechendes unter einen Hut zu bringen. Mehrere Facetten wollen zu ihrem Recht kommen. Schuldgefühle können nur entstehen, wenn es einen inneren Konflikt gibt, in dem zwei Strömungen miteinander ringen.

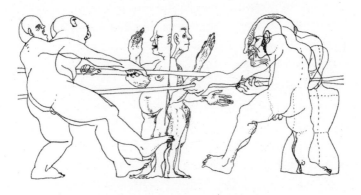

© Manuel Kurpershoek, Tauziehen (2011)

Beim beschriebenen Vorgehen können aber zwei gegenläufige Tendenzen nebeneinander bestehen, ohne dass sie sich stören. Der psychische Mechanismus der Spaltung ermöglicht eine solche Parallelität von sich eigentlich gegenseitig ausschließenden Zügen. Davon wird im Weiteren noch eingehend die Rede sein. In arge Seelennot kommt das Catherlieschen auf diese Weise nicht.

Klug oder dumm?

Erscheint dies auf den ersten Blick vielleicht als ein erstrebenswerter Zustand, bei dem man ganz mit sich im Reinen ist, macht die Märchenerzählung zugleich sichtbar, welchen Preis dieses Vorgehen hat. Alles, was Bestand hatte und vorsorgen sollte, ist vernichtet – der Sack Weizen ist verschwendet, das Gold ist verloren. Es entwickelt sich seelenökonomisch keine Basis, auf die man aufbauen könnte. Da das Catherlieschen nicht aus eigenem Impuls handelt und sich um die Haftung drückt, vermag sie auch nicht, Folgen ihres Tuns einzuschätzen.

Ihre „Dummheit" hat damit zu tun, dass sie kein Wertsystem entwickelt hat, das auf Erfahrungen basiert. Aus Fehlern kann man klug werden, wenn man sie als Irrtümer begreift. Solange sie nur ausführendes Organ ist, das sich hinter dem Auftraggeber versteckt, statt für ihre Taten geradezustehen, lernt sie nicht dazu. Wenn Frieder im Märchen ausruft: „Ach, Gott", „was habe ich für eine kluge Frau!", hat dies einen deutlich ironischen Beigeschmack. Das clevere Umgehen von Verantwortung macht auch dumm.

Die im Märchen ausgiebig dargestellte Faulheit besteht darin, dass sich das Catherlieschen die Mühen erspart, eine Sache ganz zu ihrer eigenen zu machen. Dadurch eignet sie sich auch nichts wirklich an, von dem sie im weiteren Verlauf profitieren könnte. Sie bleibt quasi ein unbeschriebenes Blatt. In einem Zustand zwischen Schlafen und Wachsein schneidet sie sich „halb träumend alle … Kleider entzwei, Schürze, Rock und Hemd", als sie die Feldfrucht zu schneiden versucht, erzählt das Märchen. Sie ist nicht in der Realität verankert, solange sie in dieser träumerischen Schwebe verbleibt. So bleibt sie auf Wegweiser angewiesen, da sie über keinen Erfahrungsschatz verfügt, der ihr eine Handlungsorientierung bieten könnte. Sie fängt quasi immerzu neu an.

Klug und dumm zugleich

Es muss betont werden, dass Märchen keine simple „Moral" vermitteln, wie sie ihnen gerne zugeschrieben wird. Sie zeigen stets mehrere Perspektiven auf, die sich nicht in ein einfaches Gut/Böse-Schema einordnen lassen. Ob etwas als dumm oder als klug einzuschätzen ist, erweist sich erst im weiteren Fortgang. Das Begriffsstutzige kann sich als sehr clever herausstellen, wenn es beispielsweise in seiner unverstellten Naivität das Herz auf dem rechten Fleck hat und mit reinem Menschenverstand eingefahrene Denkschemata auf den Kopf stellt. Dann kann man des Kaisers neue Kleider, unkorrumpiert durch den Mainstream, als Bluff entlarven. Kluges ist wiederum manchmal nur eine Handbreit von Neunmalklugem entfernt. Alles im Seelischen ist mehrdimensional und kann, je nach Zusammenhang, vom Ganzen aus betrachtet, förderlich oder entwicklungsfeindlich sein.

Das Dilemma: So oder so schuldig werden

Schuldig werden durch eine Wahl bedeutet jedoch nicht nur, dass man sich handelnd der Gefahr aussetzen muss, das Falsche zu tun, Schaden anzurichten, Verluste zu erleiden und ohne diese Tat, aus einer weiteren Warte heraus betrachtet, besser dagestanden zu haben. Die Festlegung, was man tut und was man lässt, hat eine zerstörerische Qualität – sie vernichtet Alternativen. Man gibt alle anderen vielversprechenden Entwicklungsmöglichkeiten auf, lässt sie sozusagen sterben, indem diese Keime durch den Akt der Selektion keine Gelegenheit zur Entfaltung mehr erhalten. Wenn man so will, macht man sich an dem Ausgesonderten schuldig, da es keine Chance erhält, in die Welt zu kommen und Früchte zu tragen. In der großen Scheu, eine Wahl zu treffen, steckt zugleich die Furcht, sich für das Falsche zu entscheiden und dies nie mehr rückgängig machen zu können. Auch wenn man im Leben manches Mal die Erfahrung macht, dass sich Fehlentscheidungen auch korrigieren oder nachbessern lassen, bremst die Angst, dass sich nicht ungeschehen machen lässt, was man einmal in die Welt gesetzt hat.

Preisgabe

Diese zerstörerische Seite des Entscheidens wird gerne von Spiel- und Entscheidungstheoretikern in Experimenten, die Dilemmata produzieren, zugespitzt. Es werden Szenarien entworfen, bei denen man zwar beispielsweise 200 Leute retten kann, jedoch nur unter der Bedingung, dass das Leben von 50 anderen geopfert wird. Oder es existiert in einer anderen Konstellation nur Medizin für eine Person, obwohl es zwei Kranke gibt, sodass einer von beiden nicht überleben kann.

Die bekannteste Zwickmühle, die in einer Vielzahl von Abwandlungen durchgespielt wird, ist das Gefangenendilemma. Es eröffnet zwei Strafgefangenen, die keine Möglichkeit erhalten, sich zu beraten, die Möglichkeit, ungestraft zu bleiben oder eine geringere Strafe für die begangene Tat zu erwirken. Die Schuldthematik wird darin explizit aufgegriffen. Ein Staatsanwalt bietet den Delinquenten einen Handel an. Wenn beide schweigen, werden sie nur für eine kleinere nachgewiesene Straftat mit zwei Jahren Gefängnis bestraft. Falls einer die weitere, noch nicht nachgewiesene Straftat gesteht, soll er straffrei ausgehen, während der andere die Höchststrafe von sechs Jahre erhält. Wenn beide gestehen, müssen beide länger, nämlich vier Jahre, einsitzen.

Die rationale Analyse der Situation bringt die Gefangenen dazu, zu gestehen, was jedoch für jeden einzelnen der beiden zu einem nicht optimalen Ergebnis führt. Sie treffen sich in einem sogenannten Nash-Gleichgewichtspunkt[16]. Das Dilemma der Teilnehmer beruht vor allem auf der Unkenntnis über das Verhalten des anderen. Ein besseres Resultat könnte durch Zusammenarbeit erreicht werden, doch muss man auch einen Vertrauensbruch fürchten.

Solch eine Bredouille führt vor Augen, dass man, egal, wie man sich entscheidet, stets dafür zahlen muss. Welche Lösung jeweils als das kleinere Übel erscheint, differiert je nach Versuchs-Setting. Von der Realität mit ihren speziellen

---

[16] Das Nash-Gleichgewicht ist ein grundlegendes Lösungskonzept der Spieltheorie. In nicht-kooperativen Spielen charakterisiert es den Zustand eines strategischen Gleichgewichts, bei dem kein einzelner Spieler für sich einen Vorteil erzielen kann, indem er einseitig von seiner Strategie abweicht.

Gemengelagen sind diese konstruierten Spielarrangements allerdings meist weit entfernt. In der Wirklichkeit stehen sich nie zwei komplett gleichwertige Lösungen gegenüber wie im aristotelischen Gleichnis eines Esels, der zwischen zwei gleich verlockenden Heuhaufen regelrecht verhungert. Diese Pattsituation erzeugt durch die gleich stark verlockenden Anreize eine Lähmung, die jegliche Bewegung unmöglich macht. Am Scheideweg wird man unfähig, auch nur einen Schritt voranzugehen.

In der griechischen Mythologie wird von solch einem Zwiespalt in der Episode berichtet, in der Odysseus auf seiner Reise zwischen Scylla und Charybdis, den beiden Ungeheuern an der Meeresenge von Messina, festhängt. Sie verkörpern zwei unvermeidliche, gleich beängstigende Verhängnisse. Scylla hat einen weiblichen Oberkörper und einen Unterleib aus sechs wilden Hunden. Sie ergreift alles, was in ihre Reichweite kommt, weil es dem anderen gegenüberliegenden Ungeheuer Charybdis entgehen will, und frisst es auf. Charybdis ist ein gestaltloses Monstrum, das dreimal täglich die Meeresflut bis auf den Grund einschlürft und dadurch einen für die Seeleute lebensgefährlichen Strudel erzeugt. In diesem Bild eines seelischen Engpasses begibt man sich, wenn man der einen schlimmen Gefahr ausweicht, in eine ebenso arge Lage. Sechs Gefährten des Odysseus müssen beim Passieren dieses furchteinflößenden Hindernisses ihr Leben lassen. Die bereits beschriebene zerstörerische Seite des Entscheidens ist darin dramatisch versinnlicht; auf welche Seite man sich auch schlägt, der Destruktion entgeht man nicht.

Die Qual der Wahl

Sich für etwas zu entscheiden, setzt, wie bereits thematisiert, zwangsläufig voraus, dass man andere verheißungsvolle Möglichkeiten ausschließt. Darin besteht die eigentliche Klemme. Dies ist zwar bitter, doch kann man nicht alles zugleich haben. Der Augenblick setzt eine Grenze. Wählt man eine Variante, scheiden alle anderen von der Verwirklichung aus. Getrieben davon, doch so viel wie nur irgend möglich zu verwirklichen, möchte man auf nichts verzichten und gleichzeitig zudem nur die fraglos beste Variante haben. Da nicht ausnahmslos alles optimal sein kann, ist dies schlichtweg unmöglich. Man möchte den Kuchen ganz lassen und ihn zugleich aufessen. Ein Unding. Dies führt dazu, dass man am Ende gar nichts anpackt und leer ausgeht. Lieber nimmt man dies jedoch in Kauf, als sich mit Halbheiten abzufinden.

Nur das Allerbeste ist gut genug

Wenn man etwas erwerben möchte, nimmt die Suche nach dem geeigneten Objekt dann Ewigkeiten in Anspruch. Es könnte ja noch etwas Besseres geben... Testurteile und Empfehlungen anderer werden minutiös gesichtet und allerlei Preis- und andere Vergleiche angestellt. Der Aufwand ist immens.

Die Suche nach der passenden Wohnung oder dem Traum-Sofa kann sich dadurch zu einer unendlichen Geschichte entwickeln. Steve Jobs wird in der Biographie von

Isaacson[17] auf einem Foto aus dem Time Magazin in seinem kaum möblierten Wohnzimmer in Los Gatos in Kalifornien gezeigt. Eine Stehlampe, eine Stereoanlage und ein Sitzkissen verlieren sich im riesigen Raum. Der Perfektionist lebte, so Isaacson, lange in seinem fast leeren Haus, weil er sich mit der Auswahl der Inneneinrichtung sehr schwer tat. Da die Küche jahrelang nicht eingerichtet war, kochte die Familie in ihrem Haus in ihrem Haus in Palo Alto auf einer Heizplatte in der Garage. Die Badezimmer blieben immer unrenoviert[18].

Ein 35-jähriger Lehrer brachte seine Frau zur Raserei, als er für einen geplanten Wanderurlaub mit Zelt in Schweden monatelang Equipment sondierte. Jedes Wochenende wurden unzählige Geschäfte abgeklappert, um die beste wasserundurchlässige Jacke oder den leichtesten Rucksack etc. aufzuspüren. Regelmäßig kamen sie mit leeren Händen zurück, da irgendetwas nicht ganz seinen Vorstellungen entsprochen hatte. Es wurde zwar mehreres in die engere Wahl gezogen, aber letztlich dann doch nicht erstanden, sondern der Kauf erstmal vertagt. Die Vorfreude auf die zweiwöchige Reise wurde durch die Ausrüstungswut und den ständigen Aufschub verdorben.

---

[17] Isaacson, Walter: Die autorisierte Biographie des Apple-Gründers. New York 2011
http://money.cnn.com/galleries/2009/fortune/0911/gallery.steve_jobs_rare_photos.fortune/4.html
[18] Simpson, Mona: Mein Bruder Steve. Grabrede am 16.10.2011 in der Gedächtniskirche der Stanford University. In: Die ZEIT vom 3. November 2011, Nr. 45, S. 55

Sie hätte es vorgezogen, zu improvisieren und sich mit dem Erstbesten zufriedenzugeben. Dass sie sich gegenseitig als Partner gewählt hatten, lag auch in der Hoffnung begründet, einander so zu ergänzen, dass sie sich gegenseitig aus Extremen – aus einer anstrengenden Übervorsicht und aus einer manchmal allzu naiven Gedankenlosigkeit – befreien könnten. Leider zerrieben sie sich im verbissenen, kompromisslosen Kampf ums Prinzip und konnten zusammen nicht kommen.

Outdoor-Anbieter leben davon, dass man sich bei Stippvisiten in der Wildnis möglichst gegen alle Gefährdungen und Unannehmlichkeiten wappnen möchte. Heute sucht man generell, stets für den Fall X oder Y vorzusorgen und auch das Unberechenbare möglichst im Griff zu behalten. Eine zweite Haut, die Feindliches abwehrt, soll garantieren, dass man die „Abenteuer" unbeschadet übersteht. Die Auswahl an Schutz"panzern" und Sicherheitssystemen wächst angesichts des boomenden Marktes und vergrößert die Qual der Wahl. Das Perfektionieren der Ausrüstung dient paradoxerweise dazu, sich Naturgewalten niemals unvorbereitet auszusetzen und die direkte Berührung mit der Natur paradoxerweise fast zu verhindern. Vor Wind und Wetter, Blasen und Blessuren, Unwägbarkeiten und drohenden Stürzen gefeit, bewegt man sich wie in einer Art Kokon durch die „wilde" Natur, um sich draußen ganz „zu Hause" fühlen zu können.

Vielleicht?

Wer immerzu in einer Schwebe zu verharren sucht, scheut die Konsequenz, die jeder Anfang setzt. Wie bereits beschrieben, verbirgt sich darin zum einen das Bemühen, sich nicht schuldig zu machen. Man glaubt, ohne Festlegung nicht belangt werden zu können, wenn etwas schiefgeht. Zum anderen wirkt darin aber auch eine unermessliche Gier, die nichts aufgeben möchte. Kennzeichnend ist dabei der Versuch, mit allen Bällen jonglieren, auf allen Hochzeiten tanzen zu wollen. Man bleibt im verheißungsvollen Beginn stecken, in dem alle Optionen noch keimhaft enthalten sind. Verlockend erscheint das diffus Vorgestaltliche[19], das sich noch nicht als etwas Konkretes entpuppt hat, sondern aus dem scheinbar noch alles werden kann.

Menschen, die so durch das Leben gehen, fangen tausend Dinge an, sind zunächst begeistert bei der Sache, doch verliert sich dieser Elan bald, wenn es darum geht, durch mühsame Zwischenstrecken zu gehen, unausweichliche Rückschläge und Stillstände hinzunehmen. In den Lebensgeschichten dieser Menschen finden sich viele Abbrüche. Mit anfänglicher Euphorie werden Ausbildungen, Studien, Hobbys kurzzeitig ausprobiert, aber dann nicht mehr, allen Hür-

---

[19] Terminus aus der Gestaltpsychologie. Zu den Wahrnehmungsexperimenten und der Aktualgenese: Christian von Ehrenfels: Über Gestaltqualitäten. In: Vierteljahrsschrift für wissenschaftliche Philosophie 14, 1890, S. 249-292. Wertheimer, Max:. Untersuchungen zur Lehre von der Gestalt (1923). In: Psychologische Forschung: Zeitschrift für Psychologie und ihre Grenzwissenschaften 4: 301-350. Sander, Friedrich: Ganzheitspsychologie. München 1962

den zum Trotz, vorangetrieben, sodass sie letztlich unvollendet bleiben. Sobald die anfängliche Begeisterung nachlässt und es nicht so reibungslos vonstattengeht, wie man es sich ausgemalt hat, wirft man das Handtuch.

Am liebsten würde man schnurstracks durchs Ziel gehen und gleich auf dem Siegertreppchen stehen. Die unvermeidliche Durststrecke des Übens sucht man sich zu ersparen, als könne ein Meister doch, entgegen aller Spruchweisheit, vom Himmel fallen. Ebenso werden Bindungen bei auftretenden Schwierigkeiten bald wieder gelöst. Die Phase der Verliebtheit mit Schmetterlingen im Bauch möchte man auskosten, doch sobald die Intensität nachlässt und das berauschende Kribbeln Alltäglichem weicht, verabschiedet man sich wieder. In einem Dauerflirtzustand versucht man, die Verheißung des Anfangs ad infinitum zu halten.

Immer wieder zurück auf „Los"

Wenn Menschen mit dieser Problematik im Rahmen der psychologischen Diagnostik vor Beginn einer Psychotherapie aufgefordert werden, zu der Abbildung eines Jungen, der gedankenverloren und scheinbar bekümmert vor einer Geige sitzt, eine dramatische Geschichte zu erzählen, fällt ihnen dies in der Regel schwer. Sie neigen dazu, das Bild detailliert zu beschreiben, statt der Instruktion des Thematischen Apperzeptionstests Folge zu leisten, die dazu auffordert, eine dramatische Geschichte mit Anfang, Höhepunkt und Schluss zu gestalten. Sichtlich geraten sie schweigend, stöhnend, schwitzend und mit allerlei Ablenkungsmanövern in Not.

Wiederholt setzen sie zu mehreren Versionen an, die sie allerdings gleich wieder verwerfen, um eine weitere Variante anzureißen. Ihre vielfachen Anfänge brechen sie unvermutet immer wieder ab. Ein „Oder" leitet dann eine weitere Alternativgeschichte ein. Auch das Setzen eines Endpunktes gelingt kaum. Einerseits wird ausschweifend erzählt, vom Hölzchen aufs Stöckchen kommend; ohne sich um Überleitungen oder eine halbwegs einleuchtende Folgerichtigkeit zu kümmern, springt man von einem aufs andere. Andererseits ist keine Zielstrebigkeit in der Geschichte auszumachen. Es scheint beliebig, wie eins aus dem anderen hervorgeht.

Andeutungen lassen unbestimmt, was real geschieht. In unvollständigen Sätzen scheint stets nur etwas spotlichtartig an, das nicht weiterverfolgt wird. Vieles versandet oder führt ins Nirgendwo. Bevorzugt wird offen gelassen, was sich aus dem Ganzen schließlich am Ende entwickelt. Es könne so oder so oder so oder auch ganz anders ausgehen.

Eine 40-jährige Frau, die therapeutische Hilfe sucht, nachdem sehr viele Liebesbeziehungen nach kurzer Zeit zerbrachen und sie sich zu fragen beginnt, ob sie etwas falsch mache, erzählt folgende Geschichte zu dieser Tafel:

„Dies ist ein Junge aus gutem Hause, dessen Eltern es sehr gerne sehen würden, dass er sich dem Geigespiel widmet. Er kann sich nicht richtig mit der Geige anfreunden und überlegt, ob er das machen soll oder nicht. Er sitzt am Tisch und grübelt und grübelt. Vielleicht fragt er sich selber, ob er das Ganze eigentlich möchte. Je mehr er sich darüber Gedanken macht, wie intensiv es sein kann, das Geigenspiel zu lernen, desto mehr entwickelt sich eine Abwehrhaltung. Vielleicht überlegt er sich gerade eine Ausrede, um das Ganze sein zu lassen. Es kann aber auch sein, dass er sich doch überlegt, ob sich nicht doch eine Leidenschaft entwickeln kann. Vielleicht entschließt er sich doch, mit dem Geigespielen anzufangen. Momentan ist er an einem Scheideweg, was er machen soll. Vielleicht wäre es gut, wenn er jemanden hätte, der ihn bei seinen Gedanken unterstützt und ihm den Weg weist. Das ist ein sehr nachdenklicher Junge, der vieles mit seinem Kopf ausmacht." Auf die Nachfrage, wie die Geschichte denn ausgeht, sagt sie: „Das weiß ich nicht. Es könnte so oder so weitergehen."

Ihre Liebesbeziehungen gestalteten sich nach dem gleichen Muster: Zuerst neigte sie dazu, den Partner mit Haut und Haaren zu vereinnahmen, um sehr bald aus kleinsten Indizien auf Lieblosigkeit und Distanzierung zu schließen. Ein bohrender Zweifel zermürbte sie. In nicht enden wollenden Gesprächen begann sie dann alles zu hinterfragen, bis die Männer sich zurückzogen, was ihren Verdacht wiederum nährte, dass sie es nicht wirklich ernst mit ihrer Liebe meinten. Sie spürte, dass sie durch ihr Zerreden jeden innigen Moment zerstörte, doch konnte sie diesen Automatismus nicht stoppen.

In grenzenloser Eifersucht verfolgte sie, wenn möglich, fast jeden Schritt des anderen und witterte überall Konkurrentinnen, die dem Mann schöne Augen machten. Mails und SMS wurden ausspioniert, Taschen durchwühlt, hochdramatisch Vorhaltungen gemacht. Sie malte sich detailreich aus, wie leicht er den Reizen einer anderen erliegen würde.

Dabei verbarg sie geschickt, dass sie selbst permanent nach anderen Männern Ausschau hielt. Jeder, der ihren Weg kreuzte, wurde daraufhin beäugt, ob er nicht dem anderen vorzuziehen sei. Indem sie den Partner verdächtigte, lenkte sie von ihrer eigenen chronischen potenziellen Untreue ab. Im Eifersuchts"wahn" wird der andere dessen verdächtigt, was man selbst zu tun neigt. Verrat und Trennungsabsichten werden dem anderen per Projektionsmechanismus systematisch unterstellt. Sie prüfte Tag und Nacht, ob sich nicht etwas Besseres finden ließe, und war selbst nie mit ganzem Herzen dabei.

Sang- und klanglos pflegte sie schließlich die Verbindung zu kappen, um möglichen Trennungswünschen des anderen zuvorzukommen und um sich umgehend einem anderen zuzuwenden. Auf diese Weise verhinderte sie, sich in Liebe einem anderen Menschen wirklich hinzugeben.

Der ganz große Wurf

Menschen mit ausgeprägter Unschlüssigkeit erzählen in den Geschichten zum Bild mit dem Jungen und der Geige von großen Entwürfen und riesigen Ansprüchen. Aus dem kleinen Jungen soll der Geigenvirtuose werden, dem die ganze Welt gebannt lauscht, weil er so schön wie kein anderer sein Instrument spielt. Quasi aus dem Nichts gelingt ihm, wofür andere hart arbeiten müssten. Widerstände werden geleugnet oder führen dazu, dass man das Interesse an der Aufgabe verliert. Ein anderes Instrument oder ein anderes Betätigungsfeld sollen den gewünschten Erfolg bringen. Ohne allzu zerknirscht zu sein, findet sich rasch Ersatz, der allerdings auch nicht zu Befriedigung führt.

Wundersame Kräfte müssen mitwirken – Feen und Zauberer stehen zur Seite, damit sich ein überirdisches Talent entfalten kann. Manchmal ist es eine Wundergeige, die quasi von alleine Meisterhaftes hervorbringt. Oder man schläft eine Nacht darüber, nachdem man zunächst überhaupt nichts mit dem Instrument anzufangen wusste, und schon geht das allerschwierigste Musikstück kinderleicht von der Hand. Über Nacht ist höchst Bewundernswertes vollbracht. Allmacht und magisches Denken meistern jede Hürde. Man imaginiert eine Zauberwelt, in der alles ohne Aufwand großartig gelingt.

Regelmäßig wird die Geige aber auch zertrümmert, wenn es nicht auf Anhieb glückt, ihr gekonnte Töne zu entlocken. Ein Scheitern ruft eine wutentbrannte Reaktion hervor. Nicht man selbst, sondern das Objekt hat versagt. Wer nur Lorbeeren einheimsen will und einen zweiten Platz bereits als große Niederlage wertet, scheut sich zwangsläufig davor, ans Werk zu gehen. Enttäuschungen sind vorprogrammiert, wenn die Messlatte so hoch gehängt wird. Um sich bittere Pleiten zu ersparen, belässt man es lieber dabei, mit allem Möglichen lediglich zu liebäugeln. Über einen Anfang geht es nicht hinaus.

Ewiger Anfang

Vom Reiz der Vorgestalt, in der alles keimhaft noch vor jeder Ausgliederung enthalten ist, handelt das Märchen vom

Rumpelstilzchen[20]. Darin gibt ein Müller beim König damit an, dass seine wunderschöne Tochter Stroh zu Gold spinnen könne. Der König will die Müllerstochter auf die Probe stellen und führt sie in eine Kammer voller Stroh. Sie soll bis zum nächsten Morgen alles in Gold versponnen haben, sonst müsse sie sterben. Ganz allein vor dieser gewaltigen Aufgabe weiß sich das arme Mädchen „um ihr Leben keinen Rat". Sie empfindet große Angst, denn sie versteht nichts von der Kunst der Alchimisten, die ihr zugeschrieben wird. Sie mag gar nicht anfangen, sondern sitzt verzweifelt davor und weint. In solch einem Zustand kann man endlos steckenbleiben, wie bereits eingehend beschrieben.

Ihr herzzerreißendes, jämmerliches Schluchzen lockt ein kleines Männchen herbei, das sich anbietet, an ihrer Stelle die Verwandlungsarbeit zu tun. Indem sie sich hilflos zeigt, appelliert sie an sein Herz und provoziert ihn dazu, seine Meisterschaft unter Beweis zu stellen. Helfer sollen ihr die Mühe abnehmen, sich ans Werk machen zu müssen. Auch später nimmt sie einen Boten in Anspruch, um die Identität des Männchens aufzuklären, damit sie ihr Versprechen, ihr Kind für die Hilfe herzugeben, nicht halten muss.

Null Verzicht

Statt das absolute Maß zu relativieren und sich mit den Grenzen der Wirklichkeit zu arrangieren, besteht man wei-

---

[20] Brüder Grimm: Rumpelstilzchen KHM 55. In: Kinder- und Hausmärchen. A. a. O., I. Bd., S. 383-387

terhin darauf, dass nur das Optimale zähle, das jedoch leider nicht von dieser Welt ist. Abstriche vom Ideal mag man nicht machen.

Auch im *Schneewittchen*[21]-Märchen wird, wie bereits an anderer Stelle eingehend[22] beschrieben, ein absolutes Ideal angestrebt. Die minimale Abweichung vom Perfekten wird zum bohrenden Stachel. Tag und Nacht nagt der Neid auf das, was man nicht hat. Der Spiegel repräsentiert den ewigen Vergleich, der nur das Schönste gelten lassen soll. Nonstop wird der Spiegel befragt, auch indem man am Blick und an der Stellungnahme anderer immerzu die eigene Wirkung überprüft. Wenn kurzfristig Ruhe einkehrt, weil der Spiegel antwortet: „Ihr seid die Schönste im ganzen Land", belässt man es nicht dabei, sondern fragt weiter und weiter. Durch die zugespitzte Rivalität, ein unentwegtes Vergleichen, wird ein chronischer Zweifel erzeugt. Auch hinter sieben Bergen kann man diesem gnadenlosen Maß nicht entfliehen. Dies führt schließlich zu einer Selbstdemontage, die sich selbst glühende Pantoffeln hinstellt, bis man quasi tot umfällt, wie es der Stiefmutter am Ende der Märchenerzählung ergeht.

Neid

Beneidet wird im Leben nur vordergründig Hab und Gut; vorrangig gibt einen Stich, dass man beim anderen Vi-

---

[21] Brüder Grimm: Sneewittchen. KHM 53. In: Kinder- und Hausmärchen. A. a. O., I. Bd., S. 359-374.
[22] Becker, Gloria: Liebe und Verrat. Psychologische Analysen unserer märchenhaften Wirklichkeit. Bd. II. Bonn 2010, S. 59-104

talität und Verwandlungspotenz wahrnimmt, die in Umsatz gebracht wird. Man beansprucht für sich, stets aus dem Vollen schöpfen zu können und sich keinerlei Einschränkungen unterworfen sehen zu müssen. Besitz, Intelligenz, Schönheit und glückliche Umstände werden als Mittel, voranzukommen und zu wachsen, angestrebt. Wenn man erkennt, wie es anderen Menschen gelingt, das, was sie sind und haben, in voller Kraft einzusetzen und über sich selbst hinauszuwachsen, führt dies die eigenen Grenzen schmerzhaft vor Augen. Man bewundert und neidet, wenn ein Tätigwerden nicht reine Beschäftigungstherapie ist, sondern Werke in die Welt bringt, von denen Weiterungen ausgehen. Dies meint nicht nur Kunstwerke im engeren Sinne, sondern auch alltägliche Produktionen.

In Ressentiment und Hass spürt man bitter, wie man sich selbst der Schaffenskraft beraubt, die einem gegeben ist, dass man mehr aus sich machen könnte und sich selbst dabei im Weg steht – dies ist es, was man kaum ertragen kann. Der Sarg, in den man sich gelegt hat, wird im Vergleich mit dem Lebendigen bewusst. In der maßlosen Wut auf das Neidobjekt liegen eine Riesenportion Selbsthass sowie das Empfinden, an einer elementaren Aufgabe des Menschseins zu scheitern. Das tief sitzende Schuldgefühl resultiert aus dem Verfehlen dieses immanenten Maßes.

Der Philosoph Sloterdijk[23] beschreibt Menschsein in Anlehnung an Nietzsche, durchaus morphologisch, paradoxerweise als unaufhörliches Bemühen, sich in Askese und Ver-

---

[23] Sloterdijk, Peter (2009): Du musst dein Leben ändern. Frankfurt/M. 2011, S. 58-67

zicht immer wieder am Unmöglichen zu versuchen, um aus dem, was einem gegeben ist, so weit zu kommen, wie seine Form einen trägt. Freuds Bild des Ödipus meint im Grunde nichts anderes als diesen Sisyphus-Akt der Selbstüberschreitung, der per se nie an ein Ende kommt.

Sloterdijk hebt zwei Modi, mit den eigenen Behinderungen umzugehen, voneinander ab: Entweder beharren Menschen in einer Trotzhaltung darauf, die allzumenschlichen Handicaps kompensieren zu können, und erschöpfen sich „in Lebensverneinung oder Weltmüdigkeit"[24]. Oder aber sie nehmen die gegebenen Widerstände an und erlegen sich Übungen auf, „um als Denker und Schöpfer von Werken in ihr Optimum zu gelangen."[25] Wer sich keinerlei Verzicht abverlangen mag, verzichtet paradoxerweise auf die Verwirklichung seiner schöpferischen Gabe.

Menschen, die das Schneewittchen-Märchenbild leben, neigen dazu, sich auch mit 99,99% nicht zufrieden zu geben. Da im Leben jedoch nichts Hundertprozentiges zu haben ist, zermürben sie sich an einer unlösbaren Aufgabe. Bei dem Versuch, zu beweisen: „Und es geht doch!", reiben sie sich auf. Das energische „Trotzdem!" kennzeichnet ihre Besessenheit. Das Makellose, Allerschönste, das Ideale muss es doch geben! Oder doch nicht? Und wieder befragt man den Spiegel… Ein Perpetuum mobile.

---

[24] Ebenda, S. 60
[25] Ebenda, S. 63

Anproben der Wirklichkeit

Situationen vor dem Spiegel beim Ankleiden sind besonders anfällig fürs Zaudern. Jeder kennt Verfassungen, in denen man zigmal die Garderobe wechselt und endlos lange nicht damit zufrieden ist, wie man ausschaut. Zeitweise war es ein beliebtes Sketch-Motto, dass man durch diese ausgedehnten Anproben mal wieder zu spät zu einer Verabredung kam oder halb angezogen das Haus verlassen musste. Verärgerte Partner rollen mit den Augen und scharren mit den Füßen, doch ein Ende der Prozedur ist nicht abzusehen. Wieder und wieder wird alles ausgezogen, weil man den Eindruck hat, dass die Farben nicht zusammenpassen, die Schuhe zu flach sind, das Top einen zu dick macht etc. Je länger man hadert, umso weniger gelingt meist, was man anstrebt. Ein Berg an Kleidungsstücken dokumentiert die hilflose Suche nach einer Festlegung.

Man möchte einen großartigen Auftritt hinlegen, auf einem Fest oder im Theater die Blicke auf sich ziehen und als imposante Erscheinung beeindrucken. Ist man overstyled oder doch eher eine graue Maus? Lange wird vor einem Bewerbungsgespräch oder vor einem wichtigen Meeting am optischen Eindruck gefeilt. Passt die Krawatte? Sitzt die Frisur? Man hat mal wieder nichts zum Anziehen....

Um sich derartige Prozeduren zu ersparen, wählen manche Menschen einen Einheitslook ohne besondere Variationen. Zeit-loser Chic soll ersparen, sich mit wechselnden Moden auseinanderzusetzen und Stellung dazu zu beziehen. Die Mühen, herauszufinden, worin man sich wohlfühlen könnte und worin man sich gar nicht sehen mag, können auf diesem

Weg umgangen werden. Manche kaufen sogar, wie es z. B. von Alfred Hitchcock berichtet wird, ein Lieblings-Modell mehrfach, um es an jedem Ort der Welt anziehen zu können oder auch dann, wenn ein Exemplar in der Wäsche oder Reinigung ist. Apple-Gründer Steve Jobs soll, so berichtet seine Schwester[26], ein Hemd, das er gerne trug, zehn- bis hundertfach erworben haben. Auch sein berühmter schwarzer Rollkragenpullover war stets zigfach vorhanden. Andere kaufen den gleichen Pullover in verschiedenen Farben, um das für sie Maximale an Abwechslung realisieren zu können. Früher pflegten Männer häufig den Vorgaben ihrer Frauen zu folgen, die ihnen sogar morgens die Kleidung für den Tag herauslegten, wie es einst die Mütter für sie getan hatten. Andere betreten ein Bekleidungsgeschäft, lassen sich beraten und kaufen in einer Stunde die komplette Ausstattung für mehrere Jahre zusammen.

Sie fürchten, in ein mühevolles Pro und Kontra zu geraten, wenn sie sich der Auswahl aus einer unüberschaubaren Vielfalt aussetzen. Je kleiner der Pool an Alternativen, umso weniger drohen sie, der Gefahr des Versinkens in tausend verlockenden Optionen zu erliegen. Je nachdem, wie beängstigend oder berauschend es für jemanden ist, sich wandeln zu müssen, umso mehr oder weniger sucht er solche Verfassungen der Infragestellung und Neuorientierung auf.

Der Spiegel ist ein Bild für diese Selbstbefragung, die Gewissheiten aufstört und neu zur Disposition stellt. Wie bereits dargelegt, kann man es mit dieser Selbstverunsicherung aber übertreiben und sich dadurch in eine Unbeweglichkeit

---

[26] Simpson, Mona: Mein Bruder Steve. Grabrede am 16.10.2011. A. a. O.

hineinmanövrieren. Der gnadenlose Perfektionismus und das damit verbundene Gedankenkarussell lässt sich nur anhalten, wenn man sich sagt: Und gut ist! Obwohl es nicht das Ultrabesondere mit fünf Sternen ist – es ist mir gut genug.

Vergangen ist (nicht!) vergangen

Solch einen quälenden Dauer-Vergleich kann man auch dadurch betreiben, dass man etwas, das hinter einem liegt, nicht abschließt, sondern lebendig hält. Die Vergangenheit ragt weiterhin so in die Gegenwart, dass man das Heute, ständig am Gestern gemessen, nicht genießen kann. Man trauert ehemaligen Lieben nach, die in einer Weise präsent gehalten werden, als ob ihre Verwirklichung in einem glücklichen gemeinsamen Leben unmittelbar bevorstünde, auch wenn man keinen Schritt in diese Richtung geht. Obwohl man mit seinem Partner Silberhochzeit feiert und diesen auch nicht verlassen mag, denkt man täglich an den Verflossenen zurück, der eigentlich der wahre Liebste gewesen sei.

Bei näherer Betrachtung muss man sich eingestehen, dass man ein Leben mit dem anderen bewusst ausgeschlagen hat, da man damals vieles an ihm auszusetzen hatte. In der unerfüllten Sehnsucht werden all diese ungeliebten Seiten jedoch ausgeblendet, da sie ein ausgedehntes Tagträumen stören würden. Dieser mit idealen Zügen ausgestattete „Traum"-Mann dient als Projektionsfläche, neben dem kein realer Mann mehr bestehen kann. Wenn dieser Ex unauffindbar oder sogar tot ist, lässt sich eine derartige Schönfärberei besonders gut betreiben.

Leben in der Möglichkeitsform

Frau K., eine 39-jährige Frau, lebt mit ihrem vermögenden Mann schon 20 Jahre lang in gutsituierten Verhältnissen. Nach einer kurzen Anfangszeit des Hochgefühls ließ die Euphorie bald nach und wich einer Desillusionierung, die vorwiegend unsympathische Seiten am Partner sehen lässt. Viele Kleinigkeiten regen sie auf und verwehren ihr, zugewandt zu sein. Seine Annäherungen wies sie jahrelang ab, bis sie schließlich ganz ausblieben. Tag für Tag empört sie sich über seine unausstehlichen Eigentümlichkeiten und fühlt sich unverstanden. Dass er sich frustriert in die Arbeit stürzt und kaum noch Zeit mit ihr verbringt, bekümmert sie letztlich kaum, obwohl sie es ihm permanent vorwirft. Je mehr sie insistiert und Vorhaltungen macht, umso trotziger zieht er sich zurück, was sie unbewusst gezielt betreibt. Am liebsten ist ihr nämlich, wenn sie frei schalten und walten kann, ohne fremde Einmischung.

Bald schon bürgerte sich ein, Urlaubsreisen separat zu verbringen, was ihr regelmäßig die Gelegenheit bot, in eine neue heiße Verliebtheit zu geraten. Da die neuen Flammen selbst gebunden sind oder meilenweit entfernt wohnen, gibt es keine Gelegenheit, einen Alltag miteinander zu leben, der vermutlich wieder eine Ernüchterung mit sich bringen würde. In ausgiebigen Träumereien beamt sie sich im täglichen Leben fort, indem sie die zurückliegenden Begegnungen im Detail nacherlebt.

Wenn eine Liaison bald nach der Abreise im Sande verläuft, kann eine neue Urlaubsbekanntschaft ganz problemlos, ohne größeres Bedauern, wieder den Platz des zeitweiligen Traumprinzen einnehmen. Bleiben nach einiger Zeit die romantischen SMS oder Mails aus, wird Frau K. gar nicht so traurig, sondern malt sich in ihren Fantasien weitere Liebeserklärungen aus und zerdehnt genüsslich das gemeinsam Erlebte. Auch wenn es nur wenige Stunden waren, die man teilte, genügt ihr dies als Ausgangsstoff für monatelanges Nachschwingen.

Als einer dieser Männer, mit dem sie sich mehrere Jahre einmal im Jahr an einem bestimmten Urlaubsort verabredete, verwitwete und stärker ihre Nähe suchte, ließ sie in ihrem Engagement nach und wies ihn ab. Den Kontakt nahm sie erst wieder auf, als sie erfuhr, dass er erneut gebunden war.

Ob der Ehemann sich möglicherweise auf ähnliche Weise tröstet, interessiert sie nicht. Geheimnisbildung hält diese Konstruktion aufrecht. Die täglichen Ehe-Ärgernisse sollen ihr Vorgehen legitimieren und ersparen ihr, sich zu fragen, was sie selbst dazu beiträgt, dass ihre Ehe unglücklich ist. Das scherenschnittartige Bild ihres Mannes zeigt keine Zwischentöne, die Skrupel erzeugen könnten. Wenn er nett ist, ist sie auf der Hut. Es konnte ihrer Ansicht nach bloß Berechnung dahinter stecken.

Nur auf diese Weise ließe sich ein Zusammenleben überhaupt aufrechterhalten, macht sie es sich zurecht. Eine Trennung, die sie zwänge, sich beruflich wieder zu engagieren und sich auf eigene Füße zu stellen, käme für sie nicht infrage. Ihr Mann scheue vor diesem Schritt ebenfalls zurück, um sie nicht finanziell entschädigen zu müssen, was den Verkauf des großen Hauses erforderlich machen würde.

Ihr Arrangement beginnt jedoch zu wanken, als die Tochter ernsthaft seelisch erkrankt und der Mutter heftige

Vorwürfe macht. Eine große Traurigkeit ergreift Frau K. Tränen rinnen ihr unkontrolliert beim Einkaufen oder im Gespräch mit anderen die Wangen hinunter und geben ihr Rätsel auf. Die Diagnose Depression macht ihr Angst und bewegt sie dazu, therapeutische Hilfe aufzusuchen.

Die Tagträumereien haben ihren Alltag dermaßen überflutet, dass sie stundenlang tatenlos verharrt. Sie verliert zunehmend jegliches Zeitgefühl. Jeder Tag zerrinnt, alle anstehenden Arbeiten bleiben liegen und wachsen ihr über den Kopf. Mit dem unzufriedenen Grundgefühl, nichts für sich erreicht zu haben, geht sie jeden Abend schlafen und wälzt sich stundenlang im Bett herum, ohne Ruhe finden zu können. Erst als sie sich vergegenwärtigt, dass sie auf diesem Weg den Kontakt zur Wirklichkeit ganz zu verlieren droht und dass ihre Lebenskonstruktion auch Folgen für die Menschen hat, die sie unmittelbar umgeben, beginnt sie, ihrem Leben eine andere Wendung zu geben.

Realitätsprüfung

Dies setzt damit ein, dass sie anfängt, genauer hinzugucken, was sie tut, wie sie selbst Wirkungen erzeugt, über die sie sich beklagt. In dem Maße, in dem sie die Haftung für ihr Handeln oder Unterlassen übernimmt, kann sie Abhilfe schaffen. In einer Art Bestandsaufnahme vergegenwärtigt sie sich, wo sie steht, was sie sich ersehnt und wie sie es verwirklichen könnte. Die Tätigkeit, die sie stundenweise selbstständig ausübte, konnte sie nicht ernähren und stellte sie auch nicht wirklich zufrieden. Sie hatte sich all die Jahre auch nur halbherzig in diesem Metier engagiert. Es war nicht abzusehen, ob sie darin in absehbarer Zeit mehr Erfolg haben würde – realistisch eingeschätzt, eher nicht. Die Bilanz, in die sie sich zum ersten Mal vertieft, offenbart, dass es tendenziell mit den Zahlen abwärts geht. Sie schaut sich generell ihren Alltag näher an und trennt sich von einigem Ballast, kündigt z. B. ein Dauer-Abo im Fitness-Center, das sie im letzten Jahr nur äußerst selten besucht hat, und bringt auch sinnigerweise einiges an Altlasten zum Sperrmüll.

Nur durch ein Geerdetsein in der Realität kann sie Handlungsalternativen überblicken und für sich klären, was ihr wichtig ist und was sie gerne ändern würde. Dabei kommt sie in Tuchfühlung mit dem, was ihr wehtut und wo ihre Grenzen liegen. Die exzessiven Tagträumereien hatten sie im wahren Leben tumber und empfindungslos gemacht. Nun spürt sie sich langsam wieder – was ihr Freude macht, was für sie absolute No-Gos sind, wo es arg piekst.

Sie versteht, dass sie ihren Mann durch ihre Garstigkeit mit pausenlosen Provokationen zu einer Entscheidung nötigen wollte. Sollte sein Geduldsfaden endlich reißen, glaubte sie auch, einen „Beweis" zu haben, dass er sie nicht genug liebe. Nicht sie wollte den ersten Schritt in Richtung Trennung machen, als könne sie dadurch Schuld von sich abwälzen. Mit diesem Selbstbetrug ließ sich die vertrackte Lage nicht lösen, ebenso wenig dadurch, dass sie ihren Mann immerzu bei anderen in ein schlechtes Licht setzte, sodass Freunde den Kopf schüttelten, weshalb sie noch bei ihm blieb, und sie dauernd zu einem konsequenten Handeln drängten. Die Schwarz-Weiß-Malerei weichte auf und ließ sie auch freundliche und zugewandte Seiten an ihm sehen.

Das Scheusal, als das sie ihn gerne hinstellte, um sich selbst nicht allzu schlecht zu fühlen, wenn sie ihn betrog, war er nicht wirklich. Er beginnt, ihr in seiner Verzweiflung auch leidzutun, und sie vermag sich stellenweise einzufühlen, wie es ihm in seiner Haut gehen mag.

Nach Versuchen, sich ihm wieder anzunähern, nimmt sie allerdings wahr, dass sie einen fundamentalen Widerwillen nicht zu überwinden vermag. So sehr sie sich bemüht, auf ihn zuzugehen, es bleibt unvorstellbar für sie, zärtlich zu ihm zu sein und mit ihm wieder körperlich intim zu werden. Auch die Bearbeitung alter Muster, die die Ehe überlagerten, können die Liebe zum Ehemann nicht wieder zum Leben erwecken. Sie entschließt sich, nachdem sie es lange in der Behandlung hin- und hergewogen und aus mehreren Perspektiven beschaut hat, sich von ihm zu trennen.

Eine Ausbildung, die sie trotz großer Ängste, dem nicht gewachsen zu sein, aufnimmt, fördert in ihr verschüttete Qualitäten zutage. Diese schwere Arbeit liegt ihr. Im Umgang mit den Menschen im Rahmen ihrer Tätigkeit kann sie ausgesprochen witzig sein und die Menschen berühren. Eine Seite, die sie so bisher nicht an sich kannte. Sie ist beliebt und freut sich auf die abwechslungsreichen Aufgaben. Auch das Lernen fällt ihr leichter, als sie je erwartet hatte. Selbst das frühe Aufstehen setzt ihr nicht so zu, wie sie befürchtet hatte. Statt stundenlang im Bett zu dösen und das Kopfkino laufen zu lassen, ist sie nun gezwungen, die Dinge anzugehen. Das Nichtstun hatte sie nicht regeneriert, sondern ausgelaugt. Pausen und Freizeit kann sie nun erst richtig genießen.

Obwohl sie viele Stunden des Tages mit ihrer neuen Aufgabe beschäftigt ist, verfügt sie über ungeahnte Kraft, um anschließend noch Hausarbeiten zu bewältigen, im Garten zu werkeln oder ein Buch zu lesen. Es muss alles nicht mehr so penibel sein; sie nimmt auch fremde Hilfe in Anspruch, was sie sich vorher nie erlaubt hatte, obwohl sich durch ihre Passivität Berge angetürmt hatten.

Mit der Mutter kochte sie sogar an einem Wochenende stundenlang Marmelade ein, was ihr richtig gut gefiel. Früher wäre ein langes Beisammensein nie ohne Spannungen abgelaufen. Das Verhältnis zur Mutter war so unverkrampft wie nie. Man sah sich seltener; sie musste sich nicht ständig vergewissern, dass es der Mutter gut ging. Wenn man sich traf, drohte sich nicht mehr unterschwellig brodelnde Wut in irgendeinem Eklat Luft zu machen. Sie konnte der Mutter frank und frei heraus sagen, wenn ihr etwas mal nicht passte, ohne sich lange den Mund zu verbieten und dann unvermutet ganz barsch herauszuplatzen.

Sie staunte, wie viel Zeit ein Tag hatte. Früher war er immer wie im Flug vergangen und zugleich zäh und farblos gewesen, wenn sie nicht in ihre Traumwelt abgetaucht war. Sobald sie merkte, dass sie wieder ausschweifend in Träumereien zu versinken drohte, stoppte sie diese Automatik. Gegen kleinere Absencen war nichts einzuwenden, aber sie gefährdeten, wenn sie ein Übermaß annahmen, ihre Verankerung in der Realität. Der Sog der Gewohnheit war stark, doch versuchte sie, dem aktiv etwas entgegenzusetzen, statt sich diesem wie früher endlos hinzugeben.

Die Tochter, die den Kontakt zur Wirklichkeit in ihrer Psychose verloren hatte, spiegelte ihr die Gefahr, Bodenhaftung zu verlieren. Auch wenn die Besuche bei ihr in der Klinik sehr belastend waren, fühlte sie sich ihr auf andere Weise als bisher verbunden. Mit den teilweise heftigen Vorwürfen der Tochter setzte sie sich auseinander, statt diese empört als unberechtigt abzuschmettern. Die Beziehung zur Tochter war nicht einfach und wühlte sie häufig auf, aber sie stellte sich dem, ohne den Kopf in den Sand zu stecken. Daraus erwuchsen intensive gemeinsame Momente, wie sie sie bisher, auch in ihrer Ehe und in Freundschaften, krampfhaft gemieden hatte. Sie kam mit verschütteten Sehnsüchten nach Innigkeit wieder in Kontakt. Gleichzeitig reaktivierte sie einige frühere Freundschaften und unternahm mit Kollegen und Nachbarn Ausflüge an Ziele, die sie immer hatte sehen wollen.

Als sie die Bindung zu dem Mann, mit dem sie seit vielen Jahren sporadisch Kontakt hatte, wieder intensivierte, um zu klären, was er ihr bedeutet und wie sehr er an ihr hängt, musste sie bald enttäuscht realisieren, dass ihre Initiative nur halbherzig erwidert wurde. Oft musste sie lange auf eine Antwort auf eine SMS oder Mail warten; er schützte häufig eine hohe Arbeitsbelastung vor und ließ wochenlang nichts von sich hören. Obwohl er erklärte, dass sie einen zweiten Platz in seinem Herzen hinter seiner verstorbenen Frau einnehme, werde er seine Freundin, die ihm weniger als Frau K. bedeute, dennoch niemals ihretwegen verlassen. Ihre Begegnungen waren nicht sehr gefühlvoll und gaben bei genauer Betrachtung Träumen einer gemeinsamen Zukunft keine Nahrung. Sie wunderte sich, wie sie all dies vorher nie wirklich hatte wahrnehmen wollen, obwohl er sich jetzt gar nicht deutlich anders als all die Jahre zuvor verhielt. Ernüchtert, aber auch befreit, verstand sie nun, dass sie viel mehr hineingelegt und sich in eine romantische Fantasiewolke hineingesponnen hatte.

Das verpasste Leben

Menschen, die sich nicht entscheiden können, kauen unentwegt entgangene Chancen wieder. Weitaus verlockender erscheint stets die Taube auf dem Dach, während sie sich über den Spatz in der Hand nicht freuen können. Viel Zeit verwenden sie darauf, die Vergangenheit daraufhin zu betrachten, was sie besser anders gemacht hätten. Solch ein Leben im Konjunktiv wird in Bayern folgendermaßen karikiert: Der Hätti und der Wari liegen schon lange auf dem Gottesacker (Friedhof). Statt die Vergangenheit Vergangenheit sein zu lassen, spinnt man jede noch so kleine Lebensgabelung auf eventuelle andere Verläufe hin aus.

Die nicht gelebten Möglichkeiten werden dabei generell paradiesisch ausgemalt: Wenn ich nicht dieses, sondern jenes getan hätte, dann wäre ich heute reich, glücklich, hätte Kinder, den Superjob usw. Da nicht konkret zu überprüfen ist, was sich real daraus an Weiterungen ergeben hätte, stellt man sich ungehemmt traumhafte Entwicklungen vor. Es kann ja nicht widerlegt werden. Die Realität gerät darüber in den Hintergrund, die Gegenwart wird entwertet. Man täuscht sich darüber hinweg, dass nicht mehr alle Wege noch offen stehen.

Keine Verjährung

Das Gestern darf aber auch dann nie veralten, wenn man nachtragend zurückliegende leidvolle Erfahrungen jederzeit wieder hervorholt. Zurücksetzungen, die lange, manchmal sogar Jahrzehnte vorher stattgefunden haben, tun weh, als seien sie einem gerade eben erst widerfahren. Auf eine günstige Gelegenheit zur Revanche wird gewartet, die sich vielleicht niemals ergeben wird.

Gedanklich formuliert man wortreiche Gegenüberstellungen und pointierte Briefe, die das Unrecht anklagen und den Übeltäter beschämen sollen. Häufig bleibt es beim Vorsatz. Tatsächlich geschrieben und abgeschickt werden diese Klageschriften nur in seltenen Fällen. Man feilt an treffenden Worten und ist mit dem Resultat meist nicht zufrieden. Wie beim Versuch, seine Liebe zu erklären, erscheint nichts wirklich passend in Worte gefasst, sodass man den Papierkorb mit unvollendeten Entwürfen füllt – und in Gedanken weiterhin mit beeindruckenden Klarstellungen befasst ist.

Offene Wunden

Heftige Wut nährt sich aus dem Ressentiment. Ihr liegt die Überzeugung zugrunde, dass eine unerträgliche Kränkung oder ein arges Unrecht das Nachtragen legitimiert. Diese Berechtigung wird nicht in Zweifel gezogen, sodass diese Verletzungen für den Nachtragenden nicht heilen, sondern der Rache harren, die unvermutet noch Jahrzehnte später ausgeübt werden kann und Mitmenschen mit einer Wucht überrascht, die aus dem Aktuellen nicht unbedingt abzuleiten ist. Eine sprichwörtliche Fliege an der Wand wird zum „Auslöser" einer Vorwurfstirade oder eines unerbittlichen Zurückschlagens. Was mit aller Emphase vorgebracht wird, wirkt Wochen, Monate, Jahre oder gar Jahrzehnte später deplatziert und unangemessen.

Die dramatisch erlebte Ausgangssituation kann von den Betroffenen häufig gar nicht mehr im Detail erinnert werden, sondern dient in einer groben Skizzierung nur als prototypischer Beweis für eine arge seelische Miss-Handlung. Einzelheiten, die einer klaren Schuldzuweisung widersprechen oder eine eigene Mitwirkung andeuten könnten, fallen in der Reminiszenz systematisch unter den Tisch. Regelmäßig trifft es dabei nicht die Personen, die ursprünglich als Verursacher einer Verletzung erlebt wurden, sondern sogenannte Übertragungspersonen, die auf eine Weise behandelt werden, als entstammten diese unmittelbar der frühesten Kindheit. Die Wahrnehmung dieser Personen ist überlagert von uralten Empfindungen, die den Blick auf das Hier und Jetzt trüben können. Ein kleiner Anknüpfungspunkt genügt, um altes Unerledigtes aufflackern zu lassen, das sich dann unvermittelt Bahn bricht.

Wie klein, wie groß bin ich?

Der gemeinsame Urlaub ist der 37-jährigen Frau M., die zeitweise stark von Zweifelsucht geplagt wird, ganz verleidet, als eine Freundin sie auf ihre Bitte hin vor einem Monument fotografiert und sie dabei in Relation winzig klein abbildet. Sie ist überzeugt davon, dass die Freundin sie bewusst damit kleinmachen wollte. Noch Wochen später spürt sie den Ingrimm darüber und stellt die Freundin empört zur Rede, die völlig konsterniert ist. Die Heftigkeit, in der der Vorwurf vorgebracht wird, erschrickt diese zutiefst und führt zu einem Rückzug, den die 37-Jährige wiederum sehr bedauert. Einige Freundschaften zerbrechen auf ähnliche Weise. Sie fürchtet, zunehmend zu vereinsamen.

In der Behandlung wird sichtbar, dass sie überall eine Herabsetzung argwöhnt, weil sie selbst sich insgeheim über alle stellt. Ihre ausgeprägte Angst, dass man über sie lächeln und sie nicht ernst nehmen könnte, entpuppt sich als Projektion, die anderen zuschiebt, was sie selbst betreibt, denn sie hat für jeden insgeheim Worte des Spotts übrig und wird wegen ihrer zynischen Bemerkungen von vielen gefürchtet. Im Arbeitsleben hat sie Schwierigkeiten damit, übergeordnete Autoritäten anzuerkennen. Mit Adleraugen nimmt sie Fehler und Schwächen der vermeintlich „Großen" wahr und glaubt, dass diese sich durch ihre eigene Kompetenz herausgefordert fühlen, sie unentwegt herabzustufen, weil sie Frau M.s Überlegenheit nicht ertragen könnten. Die Behandlung deckt frühe Quellen dieses Lebensmotivs auf und ermöglicht es ihr, Zusammenhänge zu verstehen, die die erhöhte Kränkbarkeit mildern und alte Wunden heilen lassen. In dem Maße, in dem sie ihrem gut versteckten Hochmut auf die Spur kommt, fürchtet sie weniger, demütigend deklassiert zu werden.

Zu kurz gekommen

Ein 42-jähriger Mann kam auf wechselnden Arbeitsstellen mit Vorgesetzten und Kollegen nicht zurecht, fühlte sich bald an jedem neuen Arbeitsplatz nicht anerkannt und gemobbt. Dann verfiel er in eine Handlungslähme und konnte sich nicht entscheiden, welche Aufgabe er zuerst und welche zuletzt anpacken sollte. Ein Berg an Unerledigtem häufte sich auf seinem Schreibtisch an. Er steckte in einem unbändigen Groll auf den älteren Bruder fest, der in seinen Augen stets von den Eltern bevorzugt wurde. Dass der Bruder mehr Erfolg im Leben hatte als er, führte er auf großzügige Unterstützung durch Mutter und Vater zurück.

Kleinste Szenen, die diese These untermauern sollen, wurden in der Erinnerung lebendig gehalten und schürten die Wut. Der Bruder habe zu Weihnachten eine faszinierende Enzyklopädie erhalten, während er mit einem simplen Tretroller, der auch noch bald kaputtgegangen sei, habe Vorlieb nehmen müssen. Dass er zu diesem Zeitpunkt noch gar nicht gut habe lesen können, während der fünf Jahre ältere Bruder bereits das Gymnasium besuchte, zeigt erst eine eingehende Befragung der Umstände. Immerzu wollte er mit dem Älteren gleichziehen, was angesichts der Altersdifferenz zeitweise absurd war. Besessen von diesem uneinholbaren Vorsprung hatte er immer wieder scheitern müssen. Er mochte nicht hinnehmen, dass er naturbedingt „hinterhinkte", wenn er gerade laufen lernte, während der Bruder schon Fahrrad fuhr etc. In der Behandlung konnte er nun herzhaft darüber lachen, wenn er sich mit seinen kurzen Beinen im

Lauf neben dem 40 cm größeren Bruder sah. Dass er sich wirklich ernsthafte Siegeschancen ausgerechnet hatte!

Seine mangelhaften Schulkenntnisse hatte er darauf zurückgeführt, dass man ihn mit den Aufgaben alleine gelassen habe. Eine zunächst intensive Hausaufgabenbetreuung durch die Mutter war jedoch aufgrund nervenaufreibender Auseinandersetzungen eingestellt worden. Um die gemeinsame Zeit auszudehnen, hatte er sich öfters ganz dumm gestellt und Mutters bemühte Erklärungen des Unterrichtsstoffes ins Leere laufen lassen. Seine exzessiven Warum-Fragen hatten die Mutter bald zur Verzweiflung gebracht. Er hatte klug und interessiert wirken wollen, doch genau das Gegenteil erreicht. Sie hatte zunächst versucht, sich mithilfe von Fachbüchern schlau zu machen, doch ihre Bemühungen angesichts seiner demonstrativen Begriffsstutzigkeit aufgegeben. Ein halbes Dutzend Nachhilfelehrer, die der besorgte Vater schließlich nach und nach engagiert hatte, waren an seiner Faulheit und notorischen Querulanz ebenfalls gescheitert.

Insgeheim hatte er an der Illusion festgehalten, im Schlaf lernen zu können und mühsames Durcharbeiten nicht nötig zu haben. In dem Maß, in dem die Rückstände nicht mehr zu übersehen waren, hatte er nicht mehr genauer hinsehen wollen, wo sich Lücken zeigten. Auf diesem Wege konnte er nicht an den Schwachstellen arbeiten und dadurch weiterkommen. Im Trotz rettete er seine Größenfantasien und schadete sich selbst. Auch viele andere wachgehaltene Szenen sollten den Nachweis erbringen, dass sein Leben anders verlaufen wäre, wenn er die angemessene Förderung erfahren hätte.

Dieses Bild wurde generalisiert als Blick auf eine Welt, die ihn ständig benachteiligte. Seine Lieblingslektüre war Dostojewskis Roman „Erniedrigte und Beleidigte"[27], in der ein tiefer Schmerz ähnlich aufgewühlt und sich darin geweidet wird, wie es der Erzähler Iwan Petrowitsch selbst zur Sprache bringt. Dabei geriet aus dem Blick, wo er sich selbst stiefmütterlich behandelt und etliche Chancen auslässt, die sich ihm bieten. Viel seelische Kraft fließt in dieses masochistische Präsenthalten äußerst quälender Erlebnisse. Während andere mit solchen „Traumata" doch fertig zu werden vermögen und sogar Stärke daraus gewinnen, blockierte er sich, indem er sich zum lebenden Mahnmal unzähliger Verletzungen stilisierte. Wie Albrecht Dürer in seinem Selbstbildnis[28], in dem er mit der Hand darauf zeigt, wo es ihm wehtut, legte dieser Mann ständig den Finger in seine Wunden. Genesen wollte und konnte er auf diese Weise nicht.

Albrecht Dürer Selbstbildnis (1522)

---

[27] Dostojewski, Fjodor: Erniedrigte und Beleidigte (1861). München 1966
[28] Albrecht Dürer. Selbstbildnis (1522) Dürer wies seinen Arzt in einem Brief auf seine Malaria-Erkrankung hin, indem er sich selbst zeigte, wie er auf seine vergrößerte Milz deutet: „Do der gelb fleck ist vnd mit dem finger drawff dewt do ist mir we." (Da, wo der gelbe Fleck ist und worauf ich mit dem Finger deute, da tut es mir weh.)
http://de.wikipedia.org/wiki/D%C3%BCrers_Selbstbildnisse

Auch Ehe- und Rosenkriege beziehen aus sorgsam gehegten und gepflegten Ressentiments Unmengen an Munition. In dieser Logik wird das Unrechte eindeutig bei der Gegenseite verortet. Als Ankläger spricht man sich selbst frei. So wie Alkoholsüchtige, die mit Vorliebe bei anderen den Hang zum Alkohol demaskieren, um vermeintlich von sich abzulenken, wenn sie mit Fingern auf andere zeigen, verrät diese psychische Methode, wie sehr man es nötig hat, andere zu brandmarken. Wer seine Unschuld übermäßig betont, macht sich selbst verdächtig.

Niemals vergessen

Kleists Novelle „Michael Kohlhaas"[29] beschreibt, wie ein Mann sein Leben zerstört und auch seine Frau verliert, weil er ein erlittenes Unrecht nicht hinnehmen mag. Der rechtschaffene Pferdehändler ist vom Drang nach Sühne regelrecht besessen und wird gar zum Mörder, weil ein Junker von ihm widerrechtlich zwei Pferde und einen Knecht als Pfand genommen hat. In Selbstjustiz steckt er bei seinem Rachefeldzug Städte in Brand, nimmt den Tod anderer in Kauf und wird schließlich selbst zum Tode verurteilt. Diese Strafe nimmt er an, da ihm nun auch Recht gegeben wird, als der Junker ebenfalls verurteilt wird. Wie zerstörerisch solch eine Rechthaberei sein kann, die niemals Gnade vor Recht ergehen lässt, macht diese auf einer wahren Begebenheit

---

[29] Kleist, Heinrich von: Michael Kohlhaas (1805). In: Werke in einem Band. München 1966

basierende Geschichte deutlich. Kohlhaas handelt nach der Devise, dass Recht geschehen sollte, selbst wenn darüber die Welt zugrunde gehen sollte.

Menschen, die niemals verzeihen mögen, rauben sich und anderen auf tragische Weise den Seelenfrieden. Ihr Elefantengedächtnis negiert, dass die Zeit Wunden heilen kann und dass alles, was im Weiteren geschieht, die Proportionen zurechtrückt. Mit einigem Abstand betrachtet, schrumpft die Tragweite manch eines als unerträgliche Demütigung erlebten Geschehens. Nicht selten werden Kleinigkeiten aufgeblasen, wenn es ums Prinzip geht, was man im Rückblick vielleicht sogar über sich selbst schmunzelnd registrieren kann. Das Nachkarten ist eigentümlicherweise dadurch ungeschichtlich, dass kein Gras über etwas wachsen darf. Entwicklung erhält keine Chance, etwas abzumildern, nachsehen und vergessen zu lassen.

Auch wenn es nicht wie in Kleists Novelle um Leben und Tod geht, wirkt das ständige Vergegenwärtigen von Unrecht und Verletzungen destruktiv, da Relativierungen durch die Wirklichkeit ständig abgewehrt werden müssen. Schließlich droht man gar, ganz den Bezug zur Wirklichkeit zu verlieren und kann die Verhältnismäßigkeit nicht mehr wahren. Menschen, die ständig wegen Lappalien vor Gericht ziehen und ihren Lebenssinn darin finden, Unrecht anzuprangern, wirken deshalb manchmal kauzig und verschroben. In jahrelangen Prozessen durch alle Instanzen binden sie alle Lebensenergie.

Selbstschädigende Energieverschwendung

Es ist psychisch sehr anstrengend, alle möglichen Leichen im Keller präsent zu halten. Nichts darf sterben und begraben werden – alles kehrt auf grauselige Weise wieder, wie im Mythos von Untoten, die unaufhörlich ihr Unwesen treiben. Wilhelm Hauff hat in seiner „Geschichte von dem Gespensterschiff"[30] dieses beunruhigende Phänomen beschrieben. Der an den Schiffsmast genagelte tote Kapitän und seine an die Planken fixierte ermordete Crew sind dazu verdammt, jede Nacht fünfzig Jahre lang wieder lebendig zu werden, bis sie aus ihrer Gebundenheit erlöst werden. Wie ein Fluch lässt einen das Vergangene nicht ruhen; man ist tatsächlich wie festgenagelt.

Die Königstochter im Märchen *König Drosselbart* trauert auch immer wieder all den entgangenen Möglichkeiten nach – „ach, hätt' ich doch genommen den König Drosselbart!" Dem als Bettelmann verkleideten König missfällt, dass sie immer einen anderen zum Mann wünscht und

---

[30] Hauff, Wilhelm: Die Geschichte von dem Gespensterschiff (1825). In: Märchen-Almanach auf das Jahr 1826. Paderborn 2011, Abbildung aus diesem Buch.

dass er ihr nicht gut genug ist. Er konfrontiert sie damit, dass ihre maßlose Anspruchshaltung anderen einiges zumutet. Wenn man mitempfindet, wie es den allernächsten Personen damit geht, dass man ununterbrochen an ihnen herummäkelt, kann ein Leidensdruck entstehen, der einen zur Besinnung bringt. Dieses Herumkritisieren macht natürlich auch nicht vor der eigenen Person Halt. Selbsthass geht damit einher, dass man auch mit sich selbst nie zufrieden ist.

Das müßige Betrauern des nicht Realisierten raubt viel seelische Kraft. Eine fundamentale Traurigkeit belastet das Leben. Da im Konjunktiv jede nur irgendwie denkbare Variante durchgespielt werden kann, multipliziert sich die Bandbreite ad infinitum. Die heilsame Grenze, die die Wirklichkeit setzt, kann nicht als entlastend genutzt werden. Durch das chronische Unglücklichsein, das dadurch entsteht, dass diese Menschen durchaus spüren, dass ihnen durch ihr Lavieren vieles entgeht, vergällen sie sich selbst das Leben. Vorwürfe und Klagen an die Welt kehren sich gegen sie selbst.

Die Prinzessin wird als ausgesprochen stolz charakterisiert. Hochmütig schaut sie auf das Defekte herab. Indem sie es bei den anderen spöttisch brandmarkt, erspart sie sich den Blick auf eigene Fehler. Im Märchen muss die Prinzessin durch eine harte Schule der Demut gehen, bevor sie wertzuschätzen weiß, was sie hat. Sie wird damit konfrontiert, dass sie mit ihrem Lebensmuster dauernd Geschirr zerschlägt und alltäglichen Aufgaben nicht gewachsen ist. Das Delegieren hat ein Ende, kein Diener nimmt ihr mehr die Arbeit (der Wahl) ab. Sie muss nun selber handeln und an ihre Grenzen stoßen, um erlöst zu werden.

Risikoscheu

Im Märchen *König Drosselbart* geht es im Kern psychologisch um das Verhältnis von alten und neuen Bindungen. Der mächtige Wunsch, alles so zu halten, wie es ist, wird darin symbolisiert, dass die Tochter die Einheit mit dem Vater nicht aufgeben mag und deshalb jeden Bewerber abweist. Sie findet tausend Einwände, um alles beim Alten lassen zu können. Darin ist sie geschickt und wendig. Die Freier hingegen repräsentieren die Notwendigkeit, sich weiterzuentwickeln, sich auf neue Bindungen einzulassen, ein eigenes Leben zu leben und das Schloss der Kindheit zu verlassen.

Nur widerwillig lässt die Prinzessin Veränderungen zu. Dieses aufgezwungene Anderswerden wirkt sich so aus, dass die Verhältnisse im Märchen in Drehungen geraten und alte Gewissheiten aufgegeben werden müssen. Die feine Königstochter muss dreckige Arbeit tun, sich im Alltag bewähren und dabei immer wieder schmerzhaft erfahren, dass sie Neuland betritt. Was sie kannte, gilt nicht mehr. Sie muss heraustreten in die Welt, sich mit ihren Waren auf dem Markt der Öffentlichkeit stellen. Gegen ihre Neigung, zu entfliehen, wird sie immer wieder festgehalten. Ihr Sträuben hilft ihr nicht. Am eigenen Leibe erfährt sie, was es bedeutet, herabgesetzt zu werden.

Wenn Entscheidungstheoretiker von „Risikoaversion" sprechen, klingt darin die Tendenz an, den altbewährten Zustand zu erhalten und nichts Neues zu wagen. Entwicklung bedeutet, auf etwas zuzugehen, von dem man nicht wissen kann, als was es sich letztlich entpuppen wird. Diese

Unsicherheit muss man in Kauf nehmen. In dem Begriff „Klebrigkeit der Libido"[31] umschrieb Freud diese tief sitzende Angst, Risiken einzugehen. Lieber hält man krampfhaft am Bestehenden fest, als sich Unbestimmtem vertrauensvoll auszuliefern. Auf diesem Hintergrund erscheint das Liebäugeln mit all dem Ungelebten paradoxerweise als konservatives Haften am Gewohnten. Man rührt sich nicht von der Stelle. Das Verharren im Dilemma führt zu einem Versteinern, das dem Drängen auf Veränderung widersteht. Einige Märchen versinnlichen diesen unerlösten Zustand als Versteinerung, Verstummen oder als Festsitzen in einer Enge oder Einöde. Dann geht nichts mehr. Erst ein Schlussstrich kann paradoxerweise wieder etwas in Bewegung bringen.

---

[31] Freud, Sigmund: Die endliche und die unendliche Analyse (1937). In: Studienausgabe. Ergänzungsband. Schriften zur Behandlungstechnik. Frankfurt/M. 1975, S. 351-392

2. Engelchen und Teufelchen

In einem Zeichentrickfilm von Walt Disney wird Pluto[32] von einem Zwiespalt gepeinigt, den zwei kleine Wesen symbolisieren. Engelchen und Teufelchen stehen rechts und links und plagen ihn mit entgegengesetzten Vorschlägen. Sobald Pluto zu einer Seite tendiert, bringen ihn die Einflüsterungen des Gegenspielers wieder ins Wanken. Ein von ihm aus Lebensgefahr gerettetes kleines Kätzchen macht ihm seinen Platz bei Mickey Mouse streitig. Es frisst aus seinem Napf und wird von Mickey voller Freude lieb gehalten, was Pluto traurig macht. Teufelchen schürt Plutos Eifersucht und Wut auf den Konkurrenten. Es stachelt ihn an, das Kätzchen zu Taten zu animieren, die Ärger einbringen. Als das süße Kleine in einen Brunnen fällt und zu ertrinken droht, feuert Teufelchen die Geschwisterrivalität weiter an. Würde Pluto nicht eingreifen, wäre es den Rivalen los. Engelchen wiederum appelliert an Plutos Herz. Beide Wesen kämpfen miteinander und setzen sich gegenseitig zeitweise außer Kraft. Teufelchen fesselt Engelchen mit seinem eigenen Heiligenschein. Der Triumph darüber, den Kontrahenten ausgeschaltet zu haben, währt jedoch nicht lange, denn Engelchen legt Flügel und Heiligenschein ab, um auf den kleinen Teufel einzuschlagen. Nach längerem Ringen siegt im Happy End letztlich die gute Seite. Der zum Eisblock gefrorene bemitleidenswerte Pluto wird in der Wanne mit warmem Wasser aufgetaut und erfährt wieder die Fürsorge, die er vermisst

---

[32] Lend a Paw / Der herzlose Retter (Walt Disney, USA 1941)
http://www.youtube.com/watch?v=tcGvmE8hA-4&feature=related

hatte. Diese kurze Geschichte regt zum herzhaften Lachen an, indem sie einen uns allen wohlvertrauten seelischen Widerstreit in Bilder bringt, die die Tragikomik darin sichtbar machen.

Ein kindlicher Zwiespalt

Wenn Kinder ihr neues Geschwisterchen darum beneiden, wie es von den glückseligen Eltern angestrahlt und getätschelt wird und all die Liebe erfährt, die bisher ihnen galt, fühlen sie einen tiefen Schmerz, den sie sich in ihrem Herzen zu verbergen bemühen. Teilen-Müssen tut zunächst einmal weh. Kinder müssen erst lernen, dem auch etwas abzugewinnen. Später können sie vielleicht das zunächst fremde Wesen mehr und mehr als möglichen Verbündeten im Umgang mit der Eltern-Fraktion oder in Auseinandersetzungen mit anderen Kindern wahrnehmen.

Sie wissen sehr wohl, dass sie heftige Impulse, das süße Kleine zu piesacken, unterdrücken sollen. Dennoch unterläuft es ihnen, dass sie, kaum schauen die Eltern einmal weg, weniger nette Dinge tun. Wie sehr sie den Nebenbuhler ausschalten möchten, gestehen sie sich bald nicht mehr bewusst ein. Aus Angst, es sich mit den Eltern zu verderben, geben sie sich größte Mühe, liebevoll und zugewandt mit dem Nachkömmling umzugehen.

Manche Kinder entwickeln sich zu zweiten Müttern, die in ihrem Kümmern über sich hinauswachsen. Diese Kinder kämpfen sowohl gegen ihre niederen Motive als auch gegen die Neigung an, wieder klein und bedürftig zu werden. Zeitweise kann es geschehen, dass ältere Geschwister auf eine Weise regredieren, die die Eltern vermehrt einbindet. Sie kommen nachts häufiger ins Bett der Eltern, nässen wieder ein, brauchen erneut einen Schnuller, von dem sie sich mühsam entwöhnt hatten, wollen wieder mehr herumgetragen werden, werden quengelig, aggressiv und anspruchsvoll etc. All dies sind Versuche, mit dem schlimmen inneren Konflikt umzugehen.

Wenn sie sich rührend um das Kleine sorgen, geht ihre Bemutterung sogar so weit, dass sie mit viel Fingerspitzengefühl begrenzt werden muss. Eltern haben meist ein wachsames Auge, ob nicht unbewusst gesteuerte „Ungeschicklichkeiten", gepaart mit Selbstüberschätzung, dem Baby schaden könnten. Beim behutsamen Betten des Kleinen wird dem Säugling fast die Luft abgedrückt; das Tragen des zu schweren Kleinkinds kann bedrohliche Stürze provozieren; ein Kinderwagen wird gewollt-ungewollt so angestupst, dass er eine Treppe herabrollt. Wer über derartige Anschläge auf das Leben des süßen Nebenbuhlers erschrickt, sollte in sich horchen, welche Fehlleistungen und Unglücksfälle er selbst produziert, am eigenen Leibe erfahren oder als Zeuge miterlebt hat.

Auch wenn man es nicht gerne wahrhaben mag: Wir alle haben Abgründe in uns, die wir uns gerne in Form von Krimis wieder in Erinnerung rufen, allerdings nur als Leser und Zuschauer. Sich selbst sieht man meist als Engelchen und blendet die dunkleren Seiten aus. Bereits in früher Kindheit lernen wir den Zwiespalt kennen und werden uns nach und nach darüber bewusst, dass es willkommene und weniger gutgeheißene Verhaltensweisen gibt. So sehr man ein braves

Kind sein möchte, man spürt doch Feindseligkeit und Trotz in sich und versucht, diese als „böse" erlebten Seiten wegzudrängen.

Zwei Seelen in einer Brust

Nicht immer ist so klar zu erkennen, wie es die zwei Figürchen im Trickfilm rechts und links neben Pluto, mit Heiligenschein und Flügeln bzw. mit Hörnern und Dreizack, suggerieren, welche die engelsgute und welche die teuflische Alternative ist. Die Seiten können sogar, je nach Blickwinkel, wechseln. Versuchungssituationen zeichnen sich jedoch in jedem Fall durch eine verbotene und eine gebotene Variante aus. Was eigentlich zu tun wäre, scheint relativ klar, doch fühlt man sich, wider bessere Vernunft, zur unangesagten Tendenz unwiderstehlich hingezogen.

Goethe hat diesen aufwühlenden psychischen Zustand in seinem Drama „Faust" in die vielzitierten Worte gefasst: „Zwei Seelen

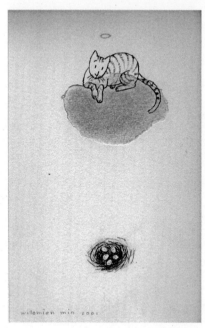

© Willemien Min, Die Katze (2001)

wohnen, ach! in meiner Brust"[33]. Anschaulich wird darin ein Konflikt, den die Menschen manchmal auch als kontroversen inneren Monolog beschreiben. Einige von ihnen pflegen sich sogar mit ihrem eigenen Vornamen dabei anzusprechen, was den Charakter eines Zwiegesprächs mit sich selbst offenbart. Zwei Seiten ziehen so mächtig in einem, dass man nicht weiß, was man tun soll; jede will sich durchsetzen.

Der Reiz des Verbotenen

In vielen Märchen wird die verführerische Qualität eines Tabus und der damit verbundene innere Kampf ausführlich beschrieben. Drohende Gefahr und bei Strafe Untersagtes üben eine sogartige Anziehung aus. Was strengstens verboten ist, wird deutlich interessanter. Schneewittchen ringt mit sich, ob es die Warnung der sieben Zwerge beherzigen und die als Krämerin verkleidete böse Stiefmutter abweisen oder ob sie doch auf ihre allzu verlockenden Angebote eingehen soll. Die alleingelassenen sieben Geißlein[34] erliegen ebenfalls den Tarnkünsten des Wolfs, der sich als ihre Mutter ausgibt, und schlagen Mutters Vorschriften nach einigem Widerstehen schließlich doch in den Wind. Ihre Abwehr ist leicht auszuhebeln, da sie sich von dem, das draußen vor der Tür bleiben soll, durchaus angezogen fühlen. Die Mitbringsel des Wolfs, der wie ein Vertreter den Fuß in die Tür zu bekom-

---

[33] Goethe, Johann Wolfgang von: Faust, 1. Teil (1808). In: Goethes ausgewählte Werke in sechzehn Bänden. 5. Band. Leipzig o.J.
[34] Brüder Grimm: Der Wolf und die sieben Geißlein KHM 5. In: Kinder- und Hausmärchen. A. a. O., I. Bd., S. 53-58

men sucht, stehen für die Attraktivität des Unbekannten, das neugierig macht.

Tabuschranke

Der Übergang zwischen Reinlassen oder Raushalten wird in den Märchen häufig in einer Situation an Tür oder am Fenster – an einer Schwelle – ausgestaltet. Das andere, das Bewegung in den starren Status Quo hineinbringt, klopft an. Die Schwelle markiert in den Märchen die hauchdünne Linie zwischen Gebot und Verbot. Türen grenzen Räume ab, die nicht betreten werden dürfen. Selbst wenn man über einen Schlüssel verfügt, soll dieser ausdrücklich auf keinen Fall benutzt werden. Die Märchen erzählen davon, wie das Übertreten einer solchen Schranke mit „Lebensstrafe" geahndet werden soll, wie es in einigen Märchen paradoxerweise heißt. Dennoch kann selbst diese schlimme Drohung die Protagonisten nicht davon abhalten, sich Eintritt zu verschaffen.

Das *Marienkind*[35] hat von der Gottesmutter Maria die Schlüssel der 13 Wohnungen des Himmelreichs mit der Auflage erhalten, die 13. Tür niemals zu öffnen. Selbstbetrügerisch verkauft das Marienkind sich selbst den Tabubruch: Sie habe die Tür ja nur einen kleinen Spalt geöffnet, so, als könne man nur ein bisschen schwanger werden. „Ganz aufmachen will ich sie nicht und will auch nicht hineingehen,

---

[35] Brüder Grimm: Marienkind KHM 3. In: Kinder- und Hausmärchen. A. a. O., I. Bd., S. 30-37

aber ich will sie aufschließen, damit wir ein wenig durch den Ritz sehen", spricht es zu den sie stets begleitenden Englein. Getan ist jedoch getan und zieht harte Konsequenzen nach sich.

Im Märchen *Der treue Johannes*[36] darf der Prinz die Kammer mit dem Bildnis der Königstochter vom goldenen Dache, der man beim Anblick in Liebe verfällt, nicht betreten, doch bedrängt er den treuen Diener solange, bis dieser nachgibt. „Der junge König aber merkte wohl, dass der treue Johannes immer an einer Tür vorbeiging und sprach: 'Warum schließest du mir diese niemals auf?' – 'Es ist etwas darin,' antwortete er, 'vor dem du erschrickst.' Aber der König antwortete: 'Ich habe das ganze Schloss gesehen, so will ich auch wissen, was darin ist', ging und wollte die Türe mit Gewalt öffnen. Da hielt ihn der getreue Johannes zurück und sagte: 'Ich habe es deinem Vater vor seinem Tode versprochen, dass du nicht sehen sollst, was in der Kammer steht: es könnte dir und mir zu großem Unglück ausschlagen.' – 'Ach, nein', antwortete der junge König, 'wenn ich nicht hineinkomme, so ist's mein sicheres Verderben: ich würde Tag und Nacht keine Ruhe haben, bis ich's mit meinen Augen gesehen habe. Nun gehe ich nicht von der Stelle, bis du aufgeschlossen hast.' Da sah der getreue Johannes, dass es nicht mehr zu ändern war, und suchte mit schwerem Herzen und vielem Seufzen aus dem großen Bund den Schlüssel heraus." Sein Versuch, wenigstens das Bildnis zu bedecken, fruchtete nicht, denn der Königssohn stellte sich auf die Zehenspitzen

---

[36] Brüder Grimm: Der treue Johannes KHM 6. In: Kinder- und Hausmärchen. A. a. O., I. Bd., S. 59-70

und sah dem treuen Johannes über die Schulter. Hartnäckig wird versucht, das Geheimnis zu lüften.

Auch im Märchen *Fitchers Vogel*[37] sind die drei Mädchen, die der Hexenmeister nacheinander eingefangen hat und die alles haben, was sie begehren, nicht davon abzubringen, eine verbotene Stube zu öffnen. Sie finden darin ein Bild des Grauens. Neben einem Holzblock mit einem blinkenden Beil liegen in einem blutigen Becken tote zerhauene Menschen. Das Schicksal, das ihnen bei Verletzung des Verbots droht, haben sie darin vor Augen. Nur der letzten gelingt es, den Hexenmeister zu überlisten, die Kammer zu betreten, ohne sich durch Blutspuren zu verraten, und die Gliedmaßen der Toten wieder zusammenzufügen.

Der Eisenhans[38], der als wilder Mann sein Unwesen getrieben hat und in einem eisernen Käfig gehalten wird, bearbeitet den achtjährigen Königssohn so lange, bis dieser den Schlüssel unter dem Kopfkissen der Königin herbeiholt. Das zunächst energisch klingende „Nein, das tu ich nicht, das hat der König verboten", weicht immer mehr auf. Schließlich sagt der Prinz: „Wenn ich auch wollte, ich kann die Türe nicht öffnen, ich habe den Schlüssel nicht." Letztendlich schlägt er „alle Bedenken in den Wind" und öffnet die Tür.

---

[37] Brüder Grimm: Fitchers Vogel KHM 46. In: Kinder- und Hausmärchen. A. a. O., I. Bd., S. 312-317
[38] Brüder Grimm: Eisenhans KHM 136. In: Kinder- und Hausmärchen. A. a. O.; II. Bd., Zürich [14]1991, S. 291-303

Die Folgen

Der Grenzüberschreitung geht ein ausgedehntes Spiel zwischen Widerstehen und Nachgeben voraus. Die offenkundige Moral wird allerdings auf den Kopf gestellt. Mit der Grenzverletzung hört nicht alles auf (Todesdrohung), sondern es kommt im Gegenteil etwas Vielversprechendes in Gang. Die aus der unstatthaften Handlung resultierenden zunächst scheinbar negativen Konsequenzen befreien aus hemmenden Fesseln. Auch im Paradies und in symbiotischer Harmonie kann man wie in einem goldenen Käfig gefangen sein. In diesem Sinne schillert der Begriff „Lebensstrafe". Die Androhung des Lebensendes führt im Laufe der weiteren Begebenheiten sogar zu einer Intensivierung des Lebendigen. Im Seelischen ist alles mehrfach determiniert und nicht auf eine einfache Formel zu bringen.

Die psychästhetische Logik der Märchen

Wenn Märchen seelisch analysiert werden, wird ihre ureigene psychische Logik herausgearbeitet, die durch alle Figuren, Aktionen und Qualitäten hindurch geht. Das Nacheinander der Märchenerzählung beschreibt unterschiedliche Facetten eines paradoxen seelischen Kernproblems, die stets gleichzeitig gegeben sind. Anhand der einzelnen Gestalten und Szenerien werden im Märchen verschiedene Perspektiven der jeweiligen psychologischen Konstellation sowie ihr Verhältnis zueinander dargestellt. Ein Grundzug kann durch mehrere Figuren verkörpert sein, so wie in einem Protagonisten ebenso mehrere widersprüchliche Seiten des Ganzen vereint sein können.

Scheinbare Kausalitäten sind in den märchenhaften Erzählungen regelmäßig umgestülpt. Um an den geheimen Sinn heranzukommen, wird die Chronologie der Märchenerzählung bei der psychologischen Analyse durcheinandergewirbelt. Anfang und Ende können zusammenfallen; die Reihenfolge der Ereignisse muss nicht dem psychologischen Zusammenhang entsprechen, denn eine vermeintliche Folge kann aus psychologischer Sicht auch Voraussetzung oder Begleiterscheinung eines Geschehens sein.

Auch wenn es auf den ersten Blick so erscheinen mag, als würde das Verbot die nicht sanktionierte Variante zur bevorzugten Wahl machen, sprechen die Märchen davon, dass die andere Seite der Medaille durch die Tabuisierung erst richtig interessant wird. Eine Erfahrung, die man im alltäglichen Leben nicht selten machen kann. Die süßesten Früchte wachsen bekanntlich in Nachbars Garten, wie es auch im Märchen *Rapunzel*[39] erzählt wird. Darin erzeugt der Feldsalat im durch eine hohe Mauer abgetrennten Garten der Zauberin das größte Verlangen danach. Die Frau wird so „lüstern" danach, dass sie „blass und elend" aussieht. Wenn sie keine Rapunzeln zu essen kriegt, meint sie, gar sterben zu müssen. Jeder kennt diese seelische Gesetzmäßigkeit. Was den Blicken und dem Zugriff entzogen wird, schürt die Begierde, die sich bis ins Unermessliche steigern kann.

---

[39] Brüder Grimm: Rapunzel KHM 12. In: Kinder- und Hausmärchen. A. a. O., I. Bd., S. 102-107

Das mit aller Macht Ausgeschlossene fordert quasi dazu auf, einbezogen zu werden. Ein spannungsvolles Ungleichgewicht kann auf diesem Wege entstehen, das seltsamerweise sogar eine Entscheidung zugunsten des Untersagten erleichtern kann. Sobald das Ersehnte in Hülle und Fülle erhältlich ist, lässt das Interesse erkennbar nach.

Heißhungerattacken können regelrecht dadurch herbeigeführt werden, dass eine Verknappung und ein striktes Verbot, das man sich auch selbst erteilen kann, die Lust darauf potenzieren. Je erbitterter der Kampf gegen die Versuchung, umso anfälliger ist man für Rückfälle, die einen Diätplan außer Kraft setzen. Wenn man gnädiger mit einem Schwachwerden umgehen kann, wird das Schuldgefühl nicht so befeuert, dass man sich für den Durchbruch der alten Gelüste umso ärger strafen muss. Dies wiederum treibt die Spirale der Sucht an, die u. a. auf Selbstbestrafungstendenzen begründet ist. Die gesteigerte Strenge hält den inneren Kampf in Gang, was auch dem Teufelchen größere Macht verleiht. Das Scheitern der Abmagerungskur ist vorprogrammiert. Auch andere Formen der Sucht werden durch ein zugespitztes seelisches Für und Wider aufrechterhalten.

Ambivalenz

Das Hin und Her zwischen Pro und Kontra, Gesetzestreue und Übertretungsanreiz kann dabei so zugespitzt sein, dass es regelrecht auseinanderzerrt. Wie im Märchen *Rum-*

pelstilzchen[40] wird man von konträren Strebungen mitten entzweigerissen. Das Bild, mit dem das Märchen endet, ist wuchtig. Als Rumpelstilzchen beim Namen genannt und dadurch identifiziert, also unverkennbar festgelegt ist, schreit es heraus: „Das hat dir der Teufel gesagt, das hat dir der Teufel gesagt". Das Männchen „stieß mit dem rechten Fuß vor Zorn so tief in die Erde, dass es bis an den Leib hinein fuhr, dann packte es in seiner Wut den linken Fuß mit beiden Händen und riss sich selbst mitten entzwei." In diesem Märchen ist es schwer zu ertragen, vereindeutigt zu werden. Statt sich auf eine Seite zu schlagen, zieht man es vor, die Spannung bis ins Unerträgliche zu überdehnen.

Die beschriebene Ambitendenz geht darauf zurück, dass das Seelische selbst nie einfach gestrickt, sondern stets vielschichtig ist. Es sind immer entgegengesetzte Tendenzen zugleich am Werk. Grundsätzlich unlösbare Paradoxien treiben uns an. Wir versuchen uns an provisorischen Lösungen und halten diese eine Zeit lang fest, doch gibt es keine ewig gültigen Antworten, die einen unrevidierbaren Endpunkt setzen könnten. Die Menschen handeln und entwickeln Beständigkeit, indem sie etwas gegen den ständigen Wechsel setzen. Sie werden mehr oder minder im Bewusstsein tätig, dass sie in ihren Taten etwas in die Welt setzen, aus dem sich weiteres ergibt, aber dass dies nicht der Wahrheit allerletzter Schluss sein kann. Festlegungen werden immer getroffen, d. h. sie sind nicht gegeben, sondern werden dadurch hergestellt, dass die permanente Rotation im Seelischen vorüber-

---

[40] Brüder Grimm: Rumpelstilzchen KHM 55. In: Kinder- und Hausmärchen. A. a. O., I. Bd., S. 383-387

gehend an einer Stelle angehalten wird. Verwandlung drängt darauf, die eingeschlagenen Pflöcke jedoch nicht für immer festzuhalten.

Psychische Krisen erwachsen daraus, dass man sich entweder nicht mehr verändern mag und der Verwandlungsnotwendigkeit krampfhaft zu trotzen versucht, oder sie entstehen, wenn man nichts aus dem ewigen Fluss des Lebens als Gestalt heraushebt. Im ständigen Hin und Her bildet sich dann nichts Konstantes aus, an das wir uns halten können. Beide Extreme – Verwandlungsrausch und entwicklungsfeindliche Starre – legen Entwicklung lahm.

Wenn wir in Unschlüssigkeit feststecken, können wir verspüren, was in jedem einzelnen Augenblick wirksam ist, ohne dass wir uns darüber Rechenschaft ablegen. Ambivalenz ist wesentliches Merkmal seelischen Seins; wird sie allerdings besonders zugespitzt, kann sie das Leben erheblich erschweren. Maßverhältnisse sind entscheidend.

Menschen mit ausgeprägter Ambivalenz machen es ihren Mitmenschen und sich selbst nicht leicht. Stimmungsumschwünge treten häufig und unvermutet auf und stellen Angehörige und Bekannte vor Rätsel. Was als launenhaft charakterisiert wird, geht auf eine überdimensionierte seelische Zerrissenheit zurück. Nichts kann einfach stehen gelassen werden, sondern alles erscheint zwiespältig. Kurze Momente inniger Verbundenheit, in denen man eins mit sich und der Welt scheint, werden durch plötzliche Zwistigkeiten zerstört. Wenn es besonders schön ist, wird mit der Lupe nach einem Makel gesucht. Die Mücke wird dann sprichwörtlich zum Elefanten gemacht. Umgekehrt kann sich übergangslos aus unerbittlichem Streit und Disharmonie für eine gewisse Zeit ein trauter Einklang ergeben, der jedoch meist ebenso wenig von langer Dauer ist. Wankelmut tut selten gut, heißt es im Volksmund. Dieses ewige Hü und Hott wird für Nahestehende zur Belastung, weil man nie weiß, woran man sich ausrichten kann. Was eben noch galt, ist kurz darauf wieder verworfen.

In exzessivem Wankelmut tritt solch eine hochgradige Ambivalenz zutage. Geschlossene Verträge aller Art haben nicht lange Bestand, sondern können jederzeit wieder aufgelöst werden. Das geplante Zusammenziehen platzt in letzter Sekunde, weil man unüberbrückbare Differenzen entdeckt; kurz darauf rudert man zurück und bereut seine Entscheidung, um bald danach erneut damit zu hadern.

Manche Bindung ist durch ein jahrelanges Tauziehen zwischen Trennung und Wiedervereinigung gekennzeichnet. Man lockt den Partner an, wenn er sich, durch rhythmisch wiederkehrende Trennungsaktionen zermürbt, wohl endgültig selbst zu verabschieden droht, um wiederum auf Distanz zu gehen, wenn er wieder einen Schritt auf einen zumacht, sodass man einander nahekommen könnte. Solch ein Spiel zwischen Annäherung und Zurückweisung kann endlos betrieben werden. Es finden sich immer wieder Partner, die ebenfalls Angst davor haben, sich dauerhafter gefühlsmäßig zu binden und das Stoßmich-Ziehdich-Ritual mitbetreiben. Wie bei dem Tier von Dr. Doolittle[41], das an beiden Körperenden einen Kopf hat, ist nicht ausmachen, was vorne und was hinten ist und in welche Richtung man sich fortbewegt.

---

[41] Pushmi Pullyu s. Lofting, Hugh: Doktor Doolittle und seine Tiere (1920). Hamburg 2000

Ein Krebsgang, drei Schritte vor, zwei zurück, erscheint im Vergleich damit fast noch berechenbar, da immerhin ein Ziel auszumachen ist.

In unzähligen Alltagshandlungen kommt dieses Prinzip zum Tragen: Die angemietete Wohnung ist auf einmal inakzeptabel, sodass der Einzug rückgängig gemacht wird und die Wohnung monatelang leer steht. Später erscheint diese als optimal, sodass der Umzug doch stattfindet, doch zweifelt man dann zyklisch immer wieder, ob dies eine gute Wahl war. Das gekaufte teure Kleidungsstück, in dem man sich so gut gefiel, erscheint, zuhause angekommen, untragbar; es wird umgehend umgetauscht oder nie mehr angerührt.

Wechseln um jeden Preis

Die Rücktrittsklauseln in Verträgen gehen auf diese Neigung zur Auflösung des gegebenen Worts ein, indem sie an oft auch kostspielige Konsequenzen derartiger Revisionen erinnern. Leicht sucht man zu ignorieren, dass diese Unbeständigkeit einen psychischen Preis hat. Es erstaunt, wie wenig Menschen mit dieser Problematik berücksichtigen, welche Folgen ihr Tun hat. Sie setzen sich über solch ein Maß hinweg und haben kaum im Blick, was sie anrichten. In der Regel leiden andere massiv unter dieser Wechselhaftigkeit, und es kostet sie einiges, wenn verbindliche Festlegungen durch diese Sprunghaftigkeit nichtig werden.

Uneingelöste Versprechen spielen in einigen Märchen eine Rolle. In *Der Froschkönig oder der eiserne Heinrich*[42] muss der König eingreifen, um zu gewährleisten, dass der Frosch tatsächlich am Tisch neben der Königstochter sitzen, von ihrem goldenen Tellerlein essen, aus ihrem Becherlein trinken und in ihrem Bettlein schlafen kann, wie es die Prinzessin zugesagt hatte, als sie ihre goldene Kugel im Brunnen sehnsüchtig vermisste. Sie suchte sich um den Lohn für fremde Hilfe zu drücken, doch der Vater ermahnte sie: „Was du versprochen hast, das musst du auch halten."

Kinder leiden besonders unter einem Wortbruch. Einige Fälle berichteten davon, wie die Erlaubnis, die ihnen als Kind von einem Elternteil gegeben wurde, wiederholt unter irgendwelchen, oft fadenscheinig erscheinenden Begründungen oder sogar ohne irgendeine Erklärung zurückgezogen wurde. Um nicht im längeren Zeitraum bis zum freudig erwarteten Ereignis wiederholt einem Wechsel von Gestatten und Verbieten ausgesetzt zu sein, pflegten die Kinder und Jugendlichen schließlich erst kurz vorher anzufragen, um solch ein Wechselspiel nicht ausgedehnt durchleiden zu müssen. Sie hatten dieses Vorgehen als erpresserisch empfunden, da ein Okay an immer neue Bedingungen geknüpft

---

[42] Brüder Grimm: Der Froschkönig oder der eiserne Heinrich KHM 1. In: Kinder- und Hausmärchen. A. a. O., I. Bd. , S. 21-26.
Auch im Märchen *Der Ranzen, das Hütlein und das Hörnlein* mag der jüngste Bruder einen Handel nicht wirklich vollziehen, sondern erlangt das Eingetauschte trickreich vom Köhler zurück. Der Versuch, alles ohne Verzicht behalten zu können, endet in einem fast selbstzerstörerischen Rundumschlag, als er sich selbst an eine Frau bindet, der nicht zu trauen ist. S. a. Becker, Gloria: Kontrolle und Macht. Psychologische Analysen unserer märchenhaften Wirklichkeit. Bd. I, Bonn 2009, S. 374-383

worden war: Wenn du nicht das und das tust, darfst du doch nicht...

Kinder, deren Mütter so unberechenbar agieren, entwickeln eine hohe Sensibilität, da sie zu erahnen versuchen, ob Feindseligkeit oder Zugewandtheit unmittelbar bevorstehen. Sie spüren lange im Voraus, wenn es der Mutter schlecht geht und ein Wutausbruch oder ein passiver Rückzug in ein depressives Loch zu erwarten ist. Das Feingefühl, das sie dabei entwickeln, kann ihnen helfen, ihre Umwelt sehr genau wahrzunehmen, kann sie aber auch dazu verführen, beim ununterbrochenen Blick auf den anderen zu übersehen und auch zu verdecken, was in ihnen selbst vor sich geht. Nonstop sind sie auf den anderen fokussiert, um eventuelle Reaktionen vorwegzunehmen. Dabei treten die eigenen Wünsche und Nöte ganz in den Hintergrund und können gar nicht mehr benannt werden. Sie wissen bestens, was andere wollen, aber stehen ratlos davor, wenn sie zu erkennen geben sollen, was sie selber empfinden und begehren. Sie können beim besten Willen nicht sagen, was sie wollen.

Manche Menschen können sich vehement für die Anliegen anderer einsetzen und wie eine Löwin dafür kämpfen, während sie ihre eigenen Belange schmählich vernachlässigen. Ihre Durchsetzungskraft konzentriert sich auf ein energisches Fighten als Stellvertreter anderer. Manager und Agenten agieren in diesem Sinne und fordern für ihre Schützlinge, was diese selbst niemals zu beanspruchen wagten. Die beschriebenen Kindheitserfahrungen, die die Gabe zur Einfühlung fördern, machen dazu geneigt, das dabei entwickelte Können im Berufsleben einzusetzen. Eine gesunde Portion Selbstsucht sowie die Fähigkeit zur realistischen Einschätzung der jeweiligen Lage sind allerdings für die erfolgreiche Ausübung dieses Metiers ebenfalls vonnöten.

Die dargestellte „Selbstlosigkeit" kann nämlich u. a. auch aus einer Überschätzung der eigenen Wirkung resultieren. Die Kinder schreiben sich zu, in der Lage zu sein, die Mutter froh oder traurig zu stimmen. Dass die Mutter jedoch vielleicht mit eigenen Dingen beschäftigt ist oder aufgrund einer seelischen Erkrankung abrupten Stimmungswechseln unterworfen ist, ziehen sie nicht ins Kalkül. Die Einfühlung kann so weit gehen, dass sie selbst ein Auf und Ab durchmachen, indem sie mit der Mutter mitschwingen[43]. Ihre Seele weist dann ebenfalls eine hochgradige Wechselhaftigkeit auf.

Jein

Indem man in der Unentschiedenheit unentwegt mit mehreren Varianten jongliert, ohne die sich widersprechenden Tendenzen miteinander vereinbaren und in eine Handlung überführen zu müssen, sucht man mehrere Fliegen mit einer Klappe zu schlagen. Man versucht, sich einen mühsamen Vermittlungsprozesses, in dem man Abstriche machen und sich der Gefahr stellen muss, möglicherweise zu scheitern, zu ersparen. Kompromisse mag man nicht eingehen.

---

[43] s. Stern, Daniel (1985): Die Lebenserfahrung des Säuglings. Stuttgart 1992

Ein chronisches Lavieren im ewigen Jein hat seelisch belastende Konsequenzen.

Ein innerer Widerstreit wird dabei umgangen, indem Ja und Nein unverändert nebeneinander erhalten bleiben. Diese Methode hält das Doppelgleisige fest und springt von einer Variante zur anderen und umgekehrt. Die Kluft zwischen zwei sich eigentlich ausschließenden Strömungen wird eigentümlicherweise konserviert und parallel kurzschlussartig zu überbrücken gesucht. Wie gleichzeitig bejaht und verneint wird, erinnert an den paradoxen Witz, den Robert Gernhard in ein Gedicht fasste:

Begegnung mit einem Geist

Ich bin der Geist, der stets verneint...
Auch dann, wenn doch die Mutter weint?
Ja!
Ja?
O mein Gott ich meinte: Nein!
Das darf doch wohl nicht möglich sein...
Der Geist, der stets verneint – zum Schrein![44]

Solch ein Spagat-Kunststück ist seelisch immens aufwendig. Das Sowohl-als-Auch wird letztlich keiner Seite gerecht. Menschen, die dies betreiben, sind quasi erschöpft vom „Nichtstun". Sie handeln nicht, rühren sich manchmal kaum von der Stelle, sind aber am Ende ihrer Kraft. Alle

---

[44] Gernhardt, Robert: Begegnung mit einem Geist. In: Gernhardt, Robert: Über alles. Ein Lese- und Bilderbuch. Zürich 1994, S. 473
http://www.fortuny.org/sofa/es/t3/gernhard/provalec.htm

Energie fließt in die Aufrechterhaltung dieses Jein, das nicht Fisch noch Fleisch ist. Der Versuch, alles einzubeziehen und nichts auszuschließen, macht in seiner Maßlosigkeit nicht satt. Alles und Nichts fallen zusammen.

Gier

Im Märchen *Tischchen deck dich, Goldesel und Knüppel aus dem Sack*[45] kommt in Gestalt der Ziege maßlose Gier zum Ausdruck, wie sie dem Jein zugrunde liegt. Nachdem die Ziege ausgiebig auf die Weide geführt worden ist, wo sie die schönsten Kräuter fressen kann, antwortet sie den drei Söhnen des Schneiders auf ihre Frage: „Ziege, bist du satt?" „Ich bin so satt, ich mag kein Blatt: meh! meh!" Als jedoch der Vater das Tier befragt, antwortet es: „Wovon soll ich satt sein? Ich sprang nur über Gräbelein und fand kein einzig Blättelein: meh! meh!" Wütend über die scheinbare Pflichtvergessenheit der Söhne jagt der Schneider sie aus dem Haus und führt die Ziege selbst zur Weide. Da beklagt sie sich auch bei ihm bitterlich, dass sie hungrig geblieben sei.

Undank

Die grenzenlose Gefräßigkeit wird erst offenbar, als der Vater beide Fragen stellt und die Spaltung dadurch aushe-

---

[45] Brüder Grimm: Tischchen deck dich, Goldesel und Knüppel aus dem Sack KHM 36. In: Kinder- und Hausmärchen. A. a. O., I. Bd., S. 253-270

belt. Dann versteht er, dass das vermeintlich liebe Tier zwei Gesichter hat. Es ist ein Nimmersatt, das den Hals nicht voll kriegt. Man kann es der Ziege niemals recht machen. Der Schneider schert dem undankbaren Geschöpf den Bart und treibt es mit Peitschenhieben davon.

Undank ist auch im Märchen *Schneeweißchen und Rosenrot*[46] der Lohn, wenn man dem Jammern nicht widerstehen kann und aktiv eingreift, um den anderen aus seinem gierigen Festsitzen zu befreien. In diesem Märchen bringt sich ein bösartiger Zwerg, der immense Schätze anhäuft, die er einem verwunschenen Prinzen gestohlen hat, dreimal in eine beklemmende Lage. Einmal verheddert er sich mit seinem ellenlangen Bart in einem Spalt eines Baumes, ein anderes Mal hängt er an einer Angel fest und droht von einem Fisch ins Wasser gezogen zu werden. Schließlich wird er von einem Adler hoch in die Lüfte davongetragen. Die mitleidigen Schwestern Schneeweißchen und Rosenrot bemühen sich, dem Männchen aus seiner misslichen Lage zu helfen, ernten dafür allerdings nur wüste Beschimpfungen. Als sie mit einem Scherchen ein Stück des Bartes abschneiden, um ihn freizumachen, tobt er: „Ungehobeltes Volk, schneidet mir ein Stück von meinem stolzen Barte ab! Lohn's euch der Kuckuck!" Ohne die Helfer noch einmal anzusehen, geht er davon. Der Zwerg im Märchen ist so wütend, weil er kein Jota abgeben mag. Dadurch, dass er nicht das Geringste von seinem Bart, kein Fitzelchen von seinem Rock opfern will, hängt er fest. Das Treffen von Entscheidungen geht jedoch,

---

[46] Brüder Grimm: Schneeweißchen und Rosenrot KHM 161. In: Kinder- und Hausmärchen. A. a. O., II. Bd., S. 353-363

wie bereits beschrieben, stets mit Preisgabe und dem Hinnehmen von Einschränkungen einher. Am liebsten hat man alles zugleich – doch genau darin besteht der Engpass, in den man sich manövriert hat. Es ist im Grunde unmöglich, so jemanden zufriedenzustellen.

Bloß nichts versäumen!

Sich für eine von zwei Alternativen zu entscheiden, würde bedeuten, die andere auszuschließen. Höchst verlockend ist, noch alle Bälle im Spiel zu halten. Die Möglichkeit, etwas durch eigene Schuld zu verpassen, kurbelt die Gier an.

Davon erzählt auch das Märchen *Der Arme und der Reiche*[47]. Es gibt Einblick in den Prozess, der die Leere immer wieder selbst herstellt, die vergeblich gestopft zu werden versucht. Ein reicher Mann, der Gott nicht bei sich beherbergen wollte, beneidet seinen armen Nachbarn, weil dieser nach dem Besuch Gottes ein schönes Haus erhalten hat. Er rennt hinter Gott her und erbittet sich ebenfalls, drei Wünsche frei zu haben. Während er darüber nachsinnt, was er sich wünschen soll, lässt er die Zügel seines Pferdes schleifen, das daraufhin zu springen beginnt. Es stört den Reichen dadurch immerfort in seinen Gedanken, sodass er „sie gar nicht zusammenbringen" kann. Das Sprunghafte, das alles in eins zu bringen trachtet, ist darin in ein Bild gebracht. Im unentwegten Nachdenken über reizvolle Möglichkeiten ver-

---

[47] Brüder Grimm: Der Arme und der Reiche KHM 87. In: Kinder- und Hausmärchen. A. a. O., I. Bd., S. 568-574

liert er den Kontakt zur Wirklichkeit, lässt sinnbildlich die Zügel aus dem Griff und bringt keine Richtung mehr zustande. Verärgert darüber wünscht er sich, dass sich das Pferd den Hals breche. So verliert er sein Reittier und muss zu Fuß laufen. Aus Geiz trägt er den Sattel mit sich, der ihm auf den Rücken drückt. Noch immer ist ihm nichts eingefallen, was er sich wünschen könnte. „'Wenn ich mir auch alle Reiche und Schätze der Welt wünsche', sprach er zu sich selbst, 'so fällt mir hernach noch allerlei ein, dieses und jenes, das weiß ich im voraus: ich will`s aber so einrichten, dass mir gar nichts mehr übrig zu wünschen bleibt.' ... „Manchmal meinte er, jetzt hätte er es gefunden, aber hernach schien´s ihm doch zu wenig." Er will „auf etwas Großes für den letzten Wunsch sinnen". Man ahnt, wie es schließlich endet: er vertut seine Wünsche, indem er den lästigen Sattel nach Hause wünscht und ausspricht, dass seine Frau darauf sitzen soll. Am Ende muss er sie vom Sattel wünschen, weil sie nicht mehr allein herunterkommt, und steht mit leeren Händen, ganz ohne etwas Großartiges da. „Also hatte er nichts davon als Ärger, Mühe, Scheltworte und ein verlorenes Pferd."

Auch im Märchen *Von dem Fischer und syner Frau*[48] führt das maßlose Streben nach Besitz und Macht dazu, dass man zum Schluss alles verliert und wieder im stinkenden Pott wie am Anfang des Märchens sitzt. Die Frau weiß mit dem, was der Butt ihr schenkt, nichts anzufangen. Kaum hat sie eine schöne kleine Hütte mit wunderbarem Hausrat,

---

[48] Brüder Grimm: Von dem Fischer und syner Frau KHM 19. In: Kinder- und Hausmärchen. A. a. O., I. Bd., S: 146-157

begehrt sie anderes. Das, was sie besitzt, kann sie gar nicht in Umsatz bringen und für sich fruchtbar machen. Sogleich schielt sie schon wieder auf das, was sie noch nicht zur Verfügung hat. Ein großes Schloss, die machtvolle Position eines Königs, Kaisers oder gar eines Papstes – nichts genügt ihr. Sie will gottgleich sein. Ihr besorgter Mann, der die Anmaßung wahrnimmt, ermahnt sie immer wieder: „so soll es auch bleiben, nun wollen wir auch ... zufrieden sein."

Die beeindruckende Schilderung der Veränderungen in der Natur im Märchen spiegelt die dramatische Zuspitzung der Unersättlichkeits-Spirale bis zum bitteren Ende. Doch die Ilsebill will nicht so wie ihr Mann gerne will. Sie mag nichts anpacken und die Dinge nicht für sich nutzen, sondern wendet ein: "Das wollen wir uns bedenken"... "und wollen's beschlafen." Während ihr Mann seelenruhig schläft, liegt sie nachts grübelnd wach, weil sie ersinnt, was sie alles noch werden könnte. Tragisch ist, dass sich Menschen, die dieses Märchenbild leben, in Gefahr geraten, sich auf diese Weise nie an etwas von Herzen zu freuen, denn das, was sie nicht sind und was ihnen noch nicht gehört, bohrt als Stachel und gibt niemals Ruhe. Typisch ist, dass die Frau des Fischers ihren Mann immer vorschicken muss und selbst passiv bleibt. Folge dieses Vorgehens ist nämlich eine massive Handlungsblockade.

Antriebslähmung

Einige literarische Figuren geben eindrucksvoll ein Bild von der lethargischen Verfassung, in die Menschen auf diese

Weise geraten können. Als Psychotherapeut/in kann man in den Beschreibungen dieser Lebenskonstruktionen Züge wiedererkennen, wie sie auch heute noch Zweifelsüchtige kennzeichnen. Der Roman Oblomow[49] von Iwan A. Gontscharow beschreibt das Leben eines Menschen, dessen Antrieb vollkommen erlahmt ist. In einer erstickenden Ruhe, Schläfrigkeit und Trägheit wird für ihn der Mittagsschlaf zum zentralen Höhepunkt des Tages. Versuche seines Freundes Andrej Stolz, ihn aus der Passivität herauszuholen und seinem Leben Richtung zu geben, fruchten nicht. Dass solche Menschen schläfrig werden und somnambul durchs Leben gehen, hängt zum einen damit zusammen, dass in Traumverfassungen mit ihrer psychästhetischen Logik Widersprüche nebeneinander bestehen können. Das Handeln, das Festlegungen erfordert, ist beim Träumen ausgeschlossen. Zum anderen erschöpft das permanente In-der-Schwebe-Halten enorm. Diese Verausgabung durch ein Jonglieren von tausend Möglichkeiten erzeugt ein Leiden, das in die Behandlung führen kann, wenn es eine Grenze erreicht, die nicht mehr ertragen wird.

Hochmut und Selbstbestrafung

Wenn allerdings Schuldgefühle unentwegt Buße und Selbstquälerei als Strafmaßnahmen auf den Plan rufen, ist es schwer, diesen Kreislauf zu durchbrechen. Philip Roth be-

---

[49] Gontscharow, Iwan Alexandrowitsch: Oblomow (1859). München 1960

schreibt in seinem neuen Roman „Nemesis"[50] einen Sporttrainer, der sich die Schuld an der Polio-Erkrankung seiner Schüler selbst zuschreibt und sich dadurch straft, dass er sich von der Welt zurückzieht und die Liebe einer Frau abweist. Er maßt sich darin Göttliches an, sieht sich gleichsam als Herr des Schicksals, als Herr über Leben und Tod. Nemesis ist die Rachegöttin, die menschliche Hybris ahndet. Der Roman zeigt einen Menschen, der wie Hiob mit Gott hadert, und das Glück, das sich ihm bietet, angesichts eines übersteigerten Pflichtgefühls nie wirklich genießen kann. Als er zuletzt selbst an Kinderlähmung erkrankt und unter massiven Folgen der Krankheit zu leiden hat, richtet er sich in der Sühne ein.

Von Selbstbestrafung erzählt auch Italo Svevo, indem er seinen Helden Cosino Zeno eingehend in all seinen Verstrickungen schildert. Im italienischen Originaltitel seines Buches „Zenos Gewissen"[51] schwingt im Wort „coszienza" auch die Doppelbedeutung Bewusstsein oder Erkenntnis mit. Der Protagonist Cosini Zeno soll im Auftrag seines Psychoanalytikers vor Beginn der Therapie eine Autobiographie schreiben. In dieser stellt er sein Dasein in seiner ganzen Tatenlosigkeit als eine Folge von uneingelösten guten Vorsätzen dar. Selbst seine Heirat erscheint eher als Widerfahrnis denn als eine Wahl. Die Geduldsprobe, vor die er seine Mitmenschen stellt, wird beim Leseerleben mitvollzogen. Man möchte ihn rütteln und aus seiner Handlungslähme reißen. Ebenso zeugt

---

[50] Roth, Philip (2010): Nemesis. München 2011
[51] Svevo, Italo: Zenos Gewissen (1923). Frankfurt/M. 2000

der Protagonist Herr K. in Kafkas Romanen[52] angesichts übermächtig und undurchdringlich erscheinender Systeme von einer zunehmend passiven Hinnahme in einem müden und depressiven Zustand.

Traum eines Zauderers

Ähnlich charakterisiert ein 27-jähriger Mann, Herr M., der psychotherapeutische Hilfe sucht, weil er an seinem ausgeprägt passiven Zustand zu leiden beginnt, seinen seelischen Zustand. Er klagt darüber, dass seine Welt blass und farblos geworden ist, seitdem er weder Freude noch Traurigkeit empfinden kann, sondern sich als stumpf und teilnahmslos erlebt. Alles sei ihm egal geworden. Er könne sich zu nichts aufraffen und verbringe seine Freizeit einförmig, meist zu Hause auf dem Sofa liegend. Er wisse einfach nichts mit sich anzufangen. In den vielen Monaten, in denen er schon in der fremden Stadt wohne, habe er bisher nur den Weg zur Arbeitsstätte kennengelernt und schweife nie vom Wege ab, in der Angst, sich nicht zurechtzufinden und möglicherweise verloren zu gehen. Seine Risikoscheu, die keine neuen Wege gehen mag, wird darin sinnbildlich.

Gewohnheiten und eingespielte Abläufe sollen ihm einen Halt geben, den er, hin- und hergeworfen von widersprüchlichen Tendenzen, nicht finden kann. Seinem gleich-gültigen

---

[52]Kafka, Franz (1922): Das Schloss. Frankfurt/M. 1968 und
Kafka, Franz (1914/15): Der Prozess. Frankfurt/M. 1973

Zustand ging eine Phase voraus, in der er alles drehte und wendete; mal erschien ihm etwas so, mal so. Wie bereits geschildert, löst Ambivalenz, die der mangelnden Entschlussfreude zugrunde liegt, jegliche Festigkeit wieder auf. Der Freund wird zum Feind, der Feind zum Freund; was gut und sinnvoll erscheint, lässt in Windeseile nur nachteilige Folgen erkennen. Extreme Gefühlsverfassungen wechseln einander ab. Nun war er von diesen emotionalen Wallungen verschont, für den Preis, dass er nichts mehr empfand.

Er fiebert dem Wochenende entgegen, an dem er in die weiter entfernte Heimat reist. In seinem Elternhaus fühlt er sich wohl, da dort alles nach einem festen Rhythmus abläuft, dem man nur folgen muss. Seine Freundin organisiert meist auch ein tagesfüllendes Programm, bei dem er aber in den letzten Monaten auch keine Begeisterung mehr erleben könne. Zurück in der Ferne muss er selbst seinen Tag gestalten, was ihm schwerfällt. Er könne ja alles Mögliche machen – nur was?

Manifester Trauminhalt

In der Behandlung berichtet er von einem Traum, in dem er sich mit der Freundin und der Freundin der Schwester seiner Freundin in der Wohnung seiner Oma aufhält und auf Reisen gehen möchte. In der Wohnung ist eine Waschmaschine mit einer seltsamen Haube abgedeckt. Der Bahnhof, von dem aus die Reise starten soll, sieht ganz anders aus als der Bahnhof, von dem er üblicherweise losfährt. Es ist ein beunruhigender dunkler Tunnel, durch den der Zug fährt, der eher an eine S-Bahn oder an einen Autobus erinnert. Ganz hinten sitzt seine Ex-Freundin, doch beachtet er sie nicht besonders, sondern richtet den Blick nach vorne. Ohne Bedauern nimmt er wahr, dass es vorbei ist. Komisch aussehende, unheimliche Typen überfallen ihn und stehlen ihm sein Handy. Sie entführen auch die beiden Frauen, die ihn begleiten, in einem grünen Jeep. Als er nach ihnen Ausschau hält, sind sie verschwunden. Gegen Zahlung von 10,00 Euro Lösegeld, die der Träumer bezahlt, kommen die beiden Frauen jedoch wieder frei.

Nach einem Tagesrest und Einfällen zu den einzelnen Traumdetails befragt[53], schält sich nach und nach Folgendes heraus:

Zerstörerisches Böse-Sein

Zur Oma fällt ihm ein, dass er zu der Großmutter, die mit der Familie in einem Haus wohnte und ihn und seine Geschwister in der Kindheit betreute, eine besonders enge Beziehung hatte. Als Zwölfjähriger habe er sie allerdings einmal so wütend gemacht, dass sich diese in ihre Wohnung zurückgezogen und dort bitterlich geweint habe. Es war der einzige Streit, an den er sich erinnern konnte, auch wenn

---

[53] Zur Technik der Traumdeutung s. Freud, Sigmund: Die Traumdeutung (1900). In: Studienausgabe. Bd. II., Frankfurt/M. 1972 und Freud, Sigmund: Vorlesungen zur Einführung in die Psychoanalyse. II. Teil: Der Traum. In: Studienausgabe. Bd. I. Vorlesungen zur Einführung in die Psychoanalyse und Neue Folge, Frankfurt/M. [7]1969, S. 101-445 und Freud, Sigmund: Revision der Traumlehre (1933). Ebenda, S. 451-471

ausgelöscht war, worum es eigentlich genau gegangen war und was er denn getan oder Schlimmes gesagt hatte. Fast alles aus der Kindheit war bei ihm wie ausradiert, als sei da ein großes Vakuum. Als die Mutter ihm damals berichtete, dass die Oma durch ihn so traurig geworden sei, habe er sich sehr schlecht gefühlt. Es tat ihm leid, dass er sie mit bösen Worten so verletzt hatte.

Sie starb nicht lange danach an einem Herzinfarkt, ohne dass er sich verabschieden konnte. Er hatte wahrgenommen, dass ein Notarzt in die Etage des gemeinsamen Hauses gekommen war, die die Oma bewohnte, doch hatte er es nicht weiter beachtet. Als der Arzt nach einiger Zeit wieder heruntergekommen war, erfuhr er, dass die Großmutter soeben gestorben sei. Zwischen ihrem Tod und seiner Frechheit hatte er einen direkten Bezug konstruiert, als hätte er die Oma auf dem Gewissen. Obwohl er bei kühl rationaler Überlegung wusste, dass diese Kausalität nicht gegeben war, hielt er am Bild seiner verheerenden Wirkung fest.

Hilfsbedürftig

Das Gesicht der Freundin der Schwester der Freundin kann er im Traum nicht richtig erkennen. Vage erinnert sie ihn aufgrund der blauen Augen an die jüngste Schwester der Freundin, derer er sich als Ratgeber gerne annimmt, da sie ihm hilfsbedürftig erscheint. Oft komme sie nicht von selbst auf naheliegende Zusammenhänge und sei auf seinen Rat angewiesen.

Ihr ergehe es so wie ihm jetzt. Er sei nun sich selbst gegenüber auch ratlos und brauche Hilfe, um zu verstehen, was mit ihm los sei. Solch ein Angewiesensein möge er gar nicht, sondern suche sich lieber selbst am eigenen Schopf aus Schwierigkeiten herauszuziehen. Es habe ihn große Überwindung gekostet, wegen therapeutischer Unterstützung anzufragen. Zugleich wird deutlich, dass er durchaus gerne Anlehnung sucht und sich an anderen ausrichtet, die ihm den Weg weisen sollen.

Verschiebung und Verdichtung als Traum-Mechanismen

Ein iPhone, wie es ihm im Traum gestohlen wurde, besitzt er gar nicht, hätte er aber gerne. Sein Onkel, der Mann der Schwester des Vaters, und sein Freund telefonieren damit. Als er die lange Reihe – Onkel, Mann, Schwester, Vater – ausspricht, fällt ihm auf, dass es eine ähnliche Beziehungs-Folge ist wie bei der Freundin der Schwester der Freundin. Eine Person ist mit der anderen verbunden und leitet die Gedanken auf die andere hin, als sei etwas von der einen auf die andere verschoben.

Diese Technik des Traums steht im Dienste einer Zensur und soll einerseits den Blick umlenken, um zu verwischen, um welche Bindung es sich im Grunde handelt. Andererseits rückt sie aber auch heraus, dass wir dazu neigen, an Stellvertretern abzuhandeln, was eigentlich anderen Menschen gilt. In der Bearbeitung von sogenannter Übertragung kann dieser Mechanismus explizit aufgegriffen werden, um sich über

Beziehungsmuster in den gelebten Arbeits-, Freundschafts-, Liebes- und Verwandtschaftsverhältnissen schrittweise zurück zum Ursprung des Grund-Konflikts in frühen familiären Beziehungen vorzutasten. Häufig sind im Traum mehrere Personen in einer verdichtet, wie Einfälle sichtbar machen. Zeiten und Protagonisten rücken im Traum zusammen und machen dabei transparent, welche Sinnzusammenhänge quer durch alles hindurch wirksam sind.

Zeiten rücken zusammen

Der Jeep erinnert den Träumer an einen solchen Wagen, der in der Siedlung, in der er als kleiner Junge lebte, oft vor dem Haus seines besten Freundes stand. Als er sechs Jahre alt war, hatten sich die beiden Jungen kennengelernt. Er konnte den Zeitpunkt eingrenzen, da damals das Brüderchen zur Welt gekommen war. Später hatten sich die Freunde leider ganz aus den Augen verloren. An dieser Stelle bringt der Traum Erlebnisse aus dieser frühen Lebensphase ein, gleichsam als Aufforderung, hinzuschauen, was sich in dieser Zeit abgespielt hat. Ein seelisches Grundproblem, von dem der Traum handelt, hat dort seine Wurzeln, ragt aber in die Gegenwart hinein.

Lost

Die Assoziationskette lenkt im Folgenden den Blick auf eine Fernsehserie, die der Träumer drei Jahre lang mit Faszination angeschaut hat: „Lost" = verloren, wie die Großmutter und der Freund es waren. In seinem Apartment fühle er sich auch oft verlassen und allein. Bald sollte die sechste und letzte Staffel der Fernsehserie im Fernsehen gezeigt werden, worauf er voller Spannung wartete. Das Mysterium, das die Menschen darin umgab, hatte ihn stets besonders gefesselt.

In dieser US-Fernsehserie spielen sich auf einer Insel, auf der Überlebende eines Flugzeugabsturzes gefangen sind, seltsame Ereignisse um die abgründigen Charaktere ab. Man weiß nie, ob sich jemand, der sympathisch erscheint, nicht doch als Fiesling entpuppen wird. Herrn M.s Kernproblem klingt darin unübersehbar an.

Kaum zu entwirrendes Ineinander

Immer neue überraschende Enthüllungen, die zu einer immer wieder veränderten Betrachtungsweise der Serie und einzelner Szenen führen, bringen verschiedene Aspekte der Handlung nach und nach miteinander in Verbindung und verstricken sie zugleich immer undurchsichtiger miteinander. Durch Rückblenden und sogenannte „Flash-Sideways", einem besonderen Erzählstil der Serie, der Szenerien konstruiert, die zeigen, was gewesen wäre, wenn es die Insel nicht gäbe, entsteht eine flirrende Gleichzeitigkeit, aus dem sich nur mühsam ein roter Faden herausschält.

Diese Methode charakterisiert Zauderer, die alle eventuellen Komplikationen und möglichen Entwicklungen durchspielen. Gedankenspiele von „was wäre wenn, hätte nicht…" formieren sich zu endlosen Reihungen, die ununterscheidbar machen, was tatsächlich der Fall ist. Dabei entsteht eine zunehmend undurchdringliche Mischung aus Fantasie und Realität, von Wirklichkeits- und Möglichkeitssinn wie in Robert Musils Roman „Der Mann ohne Eigenschaften" dessen Hauptfigur Ulrich ebenso in einer unendlichen Schwebe verharrt und vom Hundertsten ins Tausendste kommt[54].

Mit detektivischem Geschick versuchten die Zuschauer von „Lost" in Blogs und Fanseiten das Knäuel zu entwirren, versteckte Hinweise aufzuspüren und Theorien zu entwerfen. Sie wirkten sogar in der Entwicklung der Geschichte mit, indem sie unmittelbar mit den Produzenten der Serie in Kontakt traten und in einem offiziellen Diskussionsforum des US-Senders ABC und anderen Foren Einfluss auf die Gestaltung der Serie nehmen konnten. Das Rätselhafte des Geschehens mit Geheimnissen, die sich nicht wirklich aufklären lassen bzw. deren Aufschlüsselung letztlich unbefriedigend bleibt und nach weiteren Auflösungen suchen lässt, fasziniert Herrn M. besonders. Wie Vogl[55] herausgearbeitet hat, weist der Zweifel in seiner Struktur Ähnlichkeit mit Labyrinthen auf, die sich endlos verzweigen und keinen Ausgang erkennen lassen.

Umschlag von Gut in Böse

Das Tunnelgemäuer im manifesten Traum lässt Herrn M. an einen Horrorfilm denken, den er als Jugendlicher ge-

---

[54] Musil, Robert: Der Mann ohne Eigenschaften (1930-42). In: Gesammelte Werke, Bd. 1. Hg. von Adolf Frisé. Reinbek bei Hamburg 1978
[55] Vogl, Joseph: Über das Zaudern. A. a. O, S. 75-105

sehen und der lange bei ihm nachgewirkt hatte. Darin hatten sich auch liebenswürdige Wesen durch Mutation in Schreckensgestalten verwandelt, die ein schlimmes Unwesen trieben. Wenn er sich recht erinnere, sei es im Film sogar zu einer Vergewaltigung gekommen. Bilder dieser Transformation vom Guten zum Bösen hatten ihn eine Weile regelrecht verfolgt.

Die seltsamen Typen im Traum, die monstermäßig wirkten, hatten sich problemlos darauf eingelassen, die Frauen für das so geringe Lösegeld wieder freizulassen. Dies hatte den Träumer verwundert. Waren sie gar nicht so böse? Wurden sie zu Unrecht dämonisiert und gefürchtet?

Die Summe von 10,00 Euro entspricht der Höhe der Praxisgebühr, die er in der letzten Behandlungsstunde entrichtet hatte, fällt ihm ein. Ob der Traum irgendetwas mit der Therapie zu tun hatte?

Betäubte Trauer

Die letzte Sitzung hatte ihn noch lange aufgewühlt. Danach hatte er sich Fotos von vergangenen Urlauben mit der Freundin angeschaut und dabei einen Augenblick lang tiefe Freude empfunden. Das war seit vielen Monaten der Leere und Starre ein „emotionales Highlight" gewesen, nachdem er furchtbare Angst gehabt hatte, aus der Empfindungslosigkeit nie mehr herauszukommen. Auch andere kleine „Lichtblicke" in seinem Alltag registrierte er. Eine Tasse cremigen Kakaos hatte ihm richtig gut geschmeckt, was ihn auch froh machte, da er monatelang wie narkotisiert durch die Welt gelaufen war, weder schmeckte, was er aß, noch an seiner Arbeit, die er sonst gerne tat, oder an seinen früheren Hobbys Spaß hatte. Irgendetwas war nach der Therapiestunde anders geworden.

In dieser Behandlungssitzung hatte ein anderer Traum die Rivalität zum jüngeren Bruder thematisiert, die er sich nicht einzugestehen wagte, denn ihr Verhältnis sei doch „blendend". Wenn die Familie zusammen war, durfte man nur glücklich sein. Harmonie und Eintracht stand an oberster Stelle. Stets war er bemüht gewesen, lieb Kind zu sein, sich um den Kleinen rührend zu kümmern und Obacht auf ihn zu geben. Seine Rücksichtnahme und Fürsorge erkannten die Eltern besonders an.

Die Zickigkeit des Bruders, der gar nicht so brav war und den man bis heute „nicht mit der Kneifzange anfassen könne", da er leicht ausraste, hatte ihm Angst gemacht. Konfrontationen mit ihm hatte er möglichst gemieden, sodass man miteinander einigermaßen zurechtkam. Er hielt sich lieber zurück, war auch heute nur Zuhörer der intensiven Gespräche zwischen Vater und Bruder. Dieser Traum hatte davon gesprochen, dass er beide beneidete und sich außen vor fühlte. Er fürchtete sich davor, sich mit ihnen zu messen. Obwohl er zu den Themen, die sie besprachen, auch einiges beizutragen hätte, da es auch sein Fachgebiet war, schwieg er. Seine Kompetenz kam ihm in diesen Momenten auf seltsame Weise abhanden – er kam sich winzig und unsäglich dumm vor. Manchmal verfiel er in ein beschämendes Stottern, sodass er lieber den Mund hielt.

Ein „Unglücksfall"

Bei einem Unfall in der Kindheit, der ihm auf einmal plastisch wieder vor Augen stand, war dem Bruder eine schwere Metallplatte auf den Fuß gefallen und hatte diesen so verletzt, dass dieser ins Krankenhaus musste. Die detaillierte Schilderung dieser Erinnerung – zu der er in der Therapie-Sitzung aufgefordert wurde, denn nur Zerdehnungen machen Zusammenhänge sichtbar –, rückte sein Mitverschulden heraus, das er lange auch vor sich selbst zu verstecken gesucht hatte. Er hatte dem Bruder diesen schweren Gegenstand so unbestimmt übergeben, dass der Bruder ihn nicht richtig zu fassen bekommen konnte. Als Achtjähriger hätte er dem Zweijährigen diese Last eh gar nicht aufbürden dürfen. Hatte er gar mutwillig gehandelt, um dem Kleinen, der ihn nervte, wehzutun?

Engel oder Bengel?

Das wäre ja richtig gemein von ihm gewesen! Herrn M. fallen Prügeleien wieder ein, die nur stattfanden, wenn die Eltern nicht Zeuge waren. Bei der Deutung des Traums wurde offenbar, dass Nettes und Zugewandtes unvermittelt in Fieses umschlagen kann. Diese eigenen Abgründe sind dem Fall unheimlich. Er erlebt es wie eine Mutation zu einer Horrorfigur, als sei er selbst so ein komischer Typ wie die beiden gespenstischen Gestalten im Traum.

Dieses Böse in sich möchte er am liebsten bannen, als wolle er sich reinwaschen, fällt ihm zur Waschmaschine im

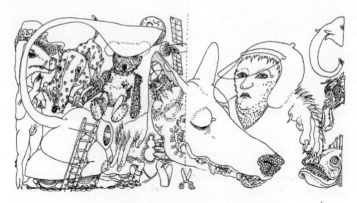

© Manuel Kurpershoek, Grenzgänger (2011)

Traum ein. Zur komischen Haube hat er keinerlei Ideen. Es mache keinen Sinn, das abzudecken. Zu verbergen, was er an sich nicht leiden mag und fürchtet, erscheint zwecklos, denn es komme doch ans Tageslicht. Ohne weitere Assoziationen bleibt dieses Traumfragment noch rätselhaft, wie in der Fernsehserie, die nicht alle Geheimnisse aufdeckt.

Im Seelischen bleibt immer etwas „übrig", von dem Weiteres ausgeht. Dies ist die Gesetzmäßigkeit von Gestalt und Verwandlung, die das Seelische immerzu in Bewegung halten. In der Zweifelsucht wird dieses Prinzip bis in den Exzess betrieben, denn es tun sich immer weitere Einschränkungen, Fragestellungen und Relativierungen auf, die ein Handeln hinausschieben. Möglicherweise wird im späteren Verlauf der Behandlung irgendwann verständlich werden, wofür dieses Traumdetail außerdem noch steht. Man kann darauf vertrauen, dass sich das, worauf es hinweist, wiederholt zur Sprache bringen wird, wenn es denn bedeutsam für das Ganze ist.

Als die 10,00 Euro aus dem Traum noch einmal thematisiert werden, fällt ihm ein vergessenes Traumbild wieder ein, das ihm peinlich ist: Er hatte die Freundin der Schwester der Freundin geküsst. Das war etwas Verbotenes. Die erotische Komponente, die im Traum darin verborgen war, dass er für die Frauen zahlte, als sei ihre Zuwendung käuflich, verwies bereits auf Verführungen zur Untreue. Dieser Zusammenhang erschloss sich ihm aber erst, als ihm der Kuss wieder einfiel. Was war er nur für einer! Er war doch glücklich mit seiner Freundin… In der weiteren Beschreibung zeigt sich, dass er sich auch vorwirft, treulos zu sein, weil er einer früheren Freundin emotional stark nachhängt.

Alte Lieben

Große Erleichterung verspürt er, als Einfälle zu seiner Ex-Freundin auf der hintersten Bank im Bus andeuten, dass er diese jahrelang zurückliegende Liebesbeziehung nun doch endlich hinter sich lassen konnte. Sie hatte ihn vor zwei Jahren plötzlich verlassen und ihn dadurch in ein schlimmes Loch der Trauer gestürzt. Diesen Schmerz habe er nie richtig überwunden. Auch von diesem Verlust (Lost) handelt der Traum. Dieser zentrale Begriff des Traums kehrt im Traumdeutungsprozess spiralförmig wieder. Dass ihm diese Frau noch so lange im Kopf herumschwirrte, bekümmerte ihn sehr. Es ließ sich kaum vermeiden, in dem kleinen Ort, in dem seine Familie lebte, notgedrungen öfter mit ihr zusammenzutreffen, was die Wunde jedes Mal wieder aufreiße. Die aktuelle Freundin, mit der er sich eine gemeinsame Zukunft mit Kindern wünsche, verdiene es nicht, dass er so oft in Gedanken bei der anderen war. Er verstand sich selber nicht.

Als er am Tag vor dem Traum der Ex-Freundin wieder begegnet sei, habe er gespürt, dass sich etwas in ihm verändert habe. Dieses Ereignis hatte als Tagesrest in den Traum hineingewirkt. Sie hatte ihm erzählt, dass sie einen neuen Freund habe, ohne dass ihm dies einen Stich gegeben habe. Sie hatten unbefangen miteinander gesprochen; er war dabei nicht wie sonst komplett aufgewühlt.

Wie in der Szene im busartigen Zug schien er die Vergangenheit ohne Bedauern hinter sich zu lassen und seinen Blick nach vorne zu richten. Hatte er an ihr festgehalten, weil er sie so sehr liebte? Oder konnte er die Schmach, verlassen worden zu sein, nicht verwinden und hoffte auf eine Rückkehr, um dies wieder ungeschehen zu machen? Es hatte häufig Differenzen mit ihr gegeben und war nicht immer so schön gewesen, wie er es im Nachhinein glorifiziert hatte.

Dass in diesem Konflikt auch noch Überreste des schlechten Gewissens wegen seiner Zuneigung zur Oma mitwirkten, wurde an dieser Stelle nicht thematisiert, konnte aber im späteren Verlauf der Behandlung angeschaut werden. Dass er die Oma so gern gehabt hatte, war ihm der Mutter gegenüber nicht als fair erschienen, sodass er sich damals hin- und hergerissen gefühlt hatte und vor beiden Frauen zu verbergen gesucht hatte, wie sehr er sich ihnen verbunden fühlte. Das Detail der verdeckenden Hülle auf der Waschmaschine im Traum schien auch damit zusammenzuhängen. In der „alten Liebe", von der er nicht lassen konnte, kamen diese ersten geliebten Frauen im Traum wieder. Eine ganze Reihe an Liebesbindungen wurde offenbar, worauf die

Reihung der Verwandtschafts- und Freundschaftsbeziehungen bereits hingedeutet hatte.

Trennungsschmerz

Kindheitserinnerungen blitzen nun auf, die schlimme Trennungen ins Gedächtnis rufen. Der Selbstmord einer Nachbarin, die mit ihm für die Schule geübt hatte; einige zerbrochene Freundschaften. Der Schmerz ließ sich nur wegmachen, wenn er Gefühle abtötete. Seine Empfindungslosigkeit wurde als Methode sichtbar, das Traurige zu ignorieren. Lieber nichts empfinden, auch keine Freude, als den Trennungsschmerz zu durchleiden. Dass er auf diesem Wege das Quälende nicht bewältigen kann, sondern nur einfriert, sodass es unmodifiziert auf ewig konserviert wird, wird ihm dabei klar. Solange er es nicht hervorholt, kann er es nicht hinter sich lassen.

Er muss an den depressiven Vater denken, dessen erfolgreiche Karriere unlängst plötzlich durch eine Krankheit unterbrochen wurde. Apathisch saß der Vater monatelang im Sessel und stierte vor sich hin. Ein ähnlicher Zustand war dem Selbstmord der Nachbarin vorhergegangen. Ob es da einen Zusammenhang zu seiner eigenen Stumpfheit gebe?

Unvergesslich ist ihm der panische Blick des Vaters, als dieser vor Jahrzehnten einmal verzweifelt versuchte, einen umkippenden schweren Holzblock aufzuhalten. So wenig er aus der Kindheit noch wisse, dieser Gesichtsausdruck habe sich ihm eingeprägt. Absolut hilflos habe der Vater in dieser Szene gewirkt. Das Bild des starken, unbesiegbaren Vaters hatte damals gelitten. Sogar Todesangst schien ihm in diesem Blick gelegen zu haben.

Der geheime Sinn der Zwangs-Symptomatik

Da eine Deutung der massiven Feindseligkeit und der unbewussten Todeswünsche dem Vater und dem Bruder gegenüber in diesem frühen Zeitpunkt der Behandlung die Abwehr eher festigt, als dass sie die Fixierung auflöst, wurde dieser Zusammenhang an dieser Stelle noch nicht explizit angerissen. Es gilt abzuwarten, ob dieser Kontext im weiteren Verlauf der Behandlung von Herrn M. selbst aufgespürt wird. Man kann darauf vertrauen, dass weitere Träume und anderes Material den Weg der Aufklärung dieser belastenden Zusammenhänge bahnen werden. Auf die Mitarbeit von Herrn M., dessen Vorliebe für Mystery-Stories jeder Art darauf beruht, dass er eigenen düsteren Seiten auf die Schliche kommen will, kann man angesichts des zügigen Tempos bauen, in dem sich unbewusste Inhalte in der Psychotherapie bereits in den ersten Sitzungen zeigten und aufgegriffen werden konnten. Der Behandler bewegt sich so mit dem auf der Couch liegenden Menschen mit, dass sich die Deutungen als therapeutische Eingriffe behutsam dem Rhythmus des Prozesses und dem Tempo des Verständnisses anpassen. Wenn der Mensch sozusagen kurz davor steht, zu begreifen, was Sache ist, fasst der Therapeut in Worte, was im Grunde bereits offen daliegt. Dieser kleine Schritt wird regelmäßig dennoch als große Wende erlebt, denn was bisher als „wahr" galt, erhält dadurch eine grundlegende Umwertung und stellt häufig alte Gewissheiten auf den Kopf. Das überraschende Moment macht einen immer wieder stutzen, wieso man selbst das Naheliegende bisher nicht sehen konnte.

Die Symptomatik weist einerseits auf eine Identifikation mit dem Vater hin, denn sie scheint fast wie ein Abbild von dessen Teilnahmslosigkeit. Auch er sitzt wie dieser abends oft regungslos im Sessel und starrt in die Luft. Andererseits beruht die Depression, die mit der Zwangsstörung einhergeht, auf uneingestandener Rivalität und Aggression gegen die Konkurrenten, die autoaggressiv, also gegen sich selbst gerichtet, ausgelebt wird.

Selbstfesselung

Der Antriebslähmung liegt die Hemmung einer fantasierten potenziellen Täterschaft zugrunde. Häufig drückt sich dies auch darin aus, dass in den Menschenzeichnungen, die in der Einschätzungsphase vor Beginn der Behandlung angefertigt werden sollen, Figuren ohne Hände, mit verkrüppelten Fingern oder mit gefesselt wirkenden Armen abgebildet werden. Manchmal scheint es auch, als seien die Hände hinter dem Rücken versteckt, was den Eindruck erweckt, als verberge der gezeichnete Mensch ein Messer, das er jederzeit hinterrücks zücken könnte. Man legt sich selbst in Ketten, indem man sich handlungsunfähig macht. Die Gefahr, von der man insgeheim überzeugt ist, dass sie von einem ausgehe, soll dadurch gebannt werden.

In der Apathie wird außerdem der Verlust des Vaters vorweggenommen. Durch dieses Gleichgültigmachen wird die Trauer gleichsam ausgelöscht, bevor der imaginierte Grund dafür (Tod des Vaters) überhaupt eintritt. Diese unbewusste Fantasie wird auf diese Weise wie eine Tatsache behandelt. Der Preis für das Kaltmachen ist, dass man sich selbst des Lebensglücks und aller Empfindungen, aber auch seiner Tatkraft beraubt.

Hab ich`s getan oder nicht?

Zweifeln kann man sowohl vor als auch nach einer Tat. Worte und Handlungen werden endlos, mit Vorliebe nachts, wiedergekaut. Dabei werden Dialoge und erlebte Szenen bis ins Letzte nachvollzogen und mit unterschiedlichen Ausgängen gedanklich rekapituliert. Man quält sich damit, dass man doch besser dies oder jenes geäußert, treffender auf eine Bemerkung geantwortet hätte etc. Folgen kleinster Aktionen malt man sich im Detail aus, die so eingeschätzt werden, als seien sie von immens großer Tragweite. Mit Selbstvorwürfen, sich tadelnd, dass man sich bloß nicht auf diese Weise hätte verhalten sollen, zermartert man sich und raubt sich den Schlaf.

Unentschlossenheit und übermäßige Vorsicht paaren sich, wie bereits beschrieben, in der Regel mit einem Perfektionismus, der mit Pedanterie und peinlicher Gewissenhaftigkeit verfolgt wird und keinerlei Abstriche zulässt. In Trotz und rigidem Eigensinn, der nicht mit sich verhandeln lässt, wirkt zudem Kontrollwut. Man will immer das letzte Wort haben und die Dinge bis ins Detail bestimmen.

Eine Zwangsstörung kann sich auch darin äußern, dass quälende Gedanken in den unpassendsten Zusammenhängen wiederkehren und diesen nicht Einhalt geboten werden kann, obwohl man sich dagegen sträubt und diese mit Gewalt zurückdrängen möchte. Solche Zwangsideen haben meist einen aggressiven, sexuellen oder gotteslästerlichen Inhalt und werden als abstoßend erlebt.

Strengste Gebote und Verbote

Auch Handlungen nehmen den Charakter von absolut feststehenden Abläufen an, indem sie ausnahmslos nach einem bestimmten, akkurat einzuhaltenden Schema vollzogen werden müssen, um aufsteigende Angst zu bekämpfen. Es tritt Panik auf, wenn die strikte Einhaltung der Reihenfolge einzelner Schritte aus irgendwelchen Gründen durchbrochen wird. Sätze, die man stereotyp hersagen muss, haben den Charakter von Schutzformeln, die den Durchbruch des Verbotenen verhindern sollen. In ihnen wirken gleichzeitig die Abwehr eines verpönten Impulses und dieser Impuls selbst. Wenn man beispielsweise beten will „Gott schütze sie", fügt sich unwillkürlich das Wort „nicht" an und bringt die Gegentendenz zum Ausdruck[56]. Darf man irgendetwas absolut nicht berühren, kann man sich nur mit Mühe davon zurückhalten – und fasst dann irgendwie doch an, real oder in einer beängstigend un-erträglichen Vorstellung.

---

[56] S. a. Freud, Sigmund: Bemerkungen über einen Fall von Zwangsneurose (1909) In: Studienausgabe. Bd. VII. Zwang, Paranoia und Perversion. Frankfurt/M. 1973. 2. korr. Aufl., S. 98

Die Tätigkeiten und Zwangsgedanken erscheinen häufig auf den ersten Blick „sinnlos". Erst eine eingehende Analyse kann ihre psychische Bedeutung ans Licht bringen, die nur selten auf der Hand liegt. Übersetzungsarbeit ist notwendig, um aufzuschlüsseln, was darin verdichtet ist. Die Zwangssymptome können den Alltag so sehr überlagern, dass man in seinem Bewegungsradius arg eingeschränkt ist.

Habe ich etwas Schlimmes angerichtet?

Herr S., ein 27-jähriger Buchhalter, litt unter einer derartigen Zwangssymptomatik. Ängste, großes Unheil auslösen zu können, führten dazu, dass er Fahrräder häufig daraufhin überprüfen musste, ob die Muttern fest angezogen waren, oder dass er sich mehrfach vergewisserte, ob er beim Verlassen der Wohnung den Herd wirklich ausgemacht hatte. Zeitweise kehrte er dutzendfach in die Wohnung zurück, um sicherzustellen, dass alle Schalter am Herd tatsächlich auf Null gestellt waren. Kaum hatte er sich davon überzeugt, dass alles außer Betrieb war, bohrte erneut der Zweifel, sodass er noch ein weiteres Mal nachschauen musste. In diesen Zwangshandlungen sorgte er vor, dass durch ihn niemand zu Schaden kam, wie er es sich in seinen Befürchtungen lebhaft ausmalte.

Solch eine Symptomatik kann das Alltagsleben ungemein erschweren, weil sich vieles dazu eignet, als potenzielle Gefahrenquelle ausgelegt zu werden. Da es mit der einmaligen Überprüfung meistens nicht getan ist, sondern unzählige Kontrollen notwendig werden, deren Zahl tendenziell bei fortschreitender Erkrankung exponentiell anwächst, ist man in seinen täglichen Verrichtungen massiv beeinträchtigt. Es besteht dabei eine Tendenz, der Verunsicherung durch vermehrte Wiederholung zu begegnen. Schließlich nehmen die Zwangsrituale oder der Grübelzwang einen riesigen Raum im Leben der Betroffenen ein. Im Zwang kann man nicht anders, auch wenn man die Aktion als peinlich, quälend und müßig erlebt. Häufig sieht man erst dann Behandlungsbedarf, wenn die Zwangshandlungen und fixen Ideen überhandnehmen, das Leben allmählich immer mehr beherrschen und sich unaufhaltsam ausbreiten, sodass sie viel Raum und Zeit im Tageslauf einnehmen.

Die Liebsten gefährden

Eine 40-jährige Frau hatte nie gewagt, für ihre Kinder zu kochen, da sie sich täglich in dramatischen Bildern imaginierte, wie diese durch ein Feuer umkämen, das durch den nicht abgeschalteten Herd entstanden war. Im Schwimmbad nervte sie ihren Ehemann, der mit den Kindern schwamm, ununterbrochen damit, dass er besser achtgeben müsse, da die Kinder sonst untergehen und ertrinken würden. Alle paar Minuten rief sie: „Pass auf!" Diese übersteigerte Vorsicht war in unbewussten feindseligen Gefühlen gegen ihre Kinder verwurzelt, die sie sich nicht einzugestehen wagte. Als sie im Verlauf der Behandlung die Realität dieser Kehrseite ihrer Liebe anerkennen konnte, ohne sich als schlechteste Mutter der Welt zu fühlen, verschwanden die Ängste, dass den Kindern etwas Schreckliches passieren würde, weil sie nicht genug achtgab. Sie war pausenlos damit beschäftigt gewesen, die Kinder vor den eigenen bösen Wünschen zu beschützen.

Das Kümmern um die Kinder wird übertrieben; man ist in ständiger Sorge, die Tag und Nacht umtreibt, sodass man die Kinder kaum aus den Augen lässt. Jeder Schritt wird wegen überall wahrgenommener Unfallgefahr überwacht. Ein Windhauch könnte schon eine Lungenentzündung mit lebensbedrohlichen Komplikationen nach sich ziehen. Säuglinge werden viel zu warm eingepackt; Spielplätze erscheinen als hochgefährliche Aktionsfelder, sodass man immerzu beim Klettern, Rutschen und Schaukeln Hilfestellung leistet, was verhindert, dass die Kinder selbst einzuschätzen lernen, was sie sich zutrauen können und was nicht.

Wenn es eine Erkrankung des Kindes gibt, wird diese zum Anlass genommen, ununterbrochen Obacht zu geben, auch wenn dies nach Einschätzung der behandelnden Ärzte gar nicht in dem Maße erforderlich ist. Körperpflege wird in so exzessiver Form praktiziert, dass sie eine Krankheitsanfälligkeit sogar noch befördert, da krampfhaft versucht wird, einen das Immunsystem ankurbelnden gesunden Umgang mit Keimen auszuschließen.

Auch wenn einem die Umgebung spiegelt, dass man über das Ziel hinausschießt, neigt man dazu, diese oft wohlmeinenden Hinweise zu ignorieren. Tragische Geschichten, von denen man liest oder hört, werden als Untermauerung der Berechtigung zur Vorsicht herangezogen. In der Überzeugung, eine gute Mutter zu sein, besser als andere, die zu unbedacht seien, lässt man häufig nur ungern von der Überbemutterung ab.

Wenn sich allerdings Zwangsimpulse andauernd aufdrängen, dem eigenen Kind etwas anzutun, und man z. B. von erschreckenden Bildern heimgesucht wird, beim Kochen ein Messer zu ergreifen und das eigene Kind oder auch den Liebespartner zu verletzen, wird man sich selbst unheimlich.

In abgeschwächter Form kommen diese Tendenzen nicht selten zum Tragen, wenn man bereits bei geringfügiger Verspätung eines geliebten Menschen von einem lebensgefährlichen Unfall ausgeht. Jeder Krankenwagen, der vorbeifährt, Sirenengeheul und Blaulicht werden augenblicklich damit assoziiert, dass der Partner gerade mit dem Tode ringe. Bei entfernten Bekannten kommen diese Fantasien nicht auf, denn diese Gedanken betreffen nur Personen, zu denen man eine enge gefühlsmäßige Bindung hat. Hochgradige Ambivalenz tritt nur bei Menschen auf, denen man sehr nahesteht. Manchmal ist allerdings getarnt, um wen es sich dabei handelt. Hinter unbekannten vermeintlichen Opfern verbergen sich, wie die psychologische Analyse transparent macht, nahe Angehörige, die unkenntlich gemacht wurden.

Die psychische Konstruktion der Zwangsneurose

Wie Freud eingehend rekonstruierte, liegt der Zwangssymptomatik eine ausgeprägte Ambivalenz zugrunde: Es handelt sich um ein „chronisches Nebeneinander von Liebe und Hass gegen dieselbe Person, beide Gefühle von höchster

Intensität"⁵⁷. Die Liebe vermochte nicht, den Hass auszulöschen, sondern konnte ihn nur unbewusst machen. Auf diese Weise kann er sich jedoch ungemindert erhalten und sogar noch an Intensität zunehmen. Entsprechend wächst auch die Liebe zu einem besonders hohen Maß an, um den Hass zurückdrängen zu können. Überfürsorge und eine gesteigerte, demonstrative Zärtlichkeit verraten diesen Funktionszusammenhang. Bedingung der Zwangsneurose ist, dass der Liebe ein fast ebenso starker Hass entgegensteht, der verdrängt wird und zu einer Willenslähmung führt, die sich schließlich auf das gesamte Tun des Menschen ausweitet. Die Hemmung sucht eine Umsetzung der aggressiven und sexuellen Tendenzen zu verhindern. Das Denken, das in der Vorstellung probehandelt, ohne in der Wirklichkeit tätig zu werden, ersetzt das konkrete Handeln, das ständig aufgeschoben wird. Dadurch, dass der Hass nicht bewusst wird, kann es nicht zu einer gegenseitigen Abmilderung von Liebe und Hass kommen.

---

⁵⁷ Freud, Sigmund: Bemerkungen über einen Fall von Zwangsneurose (1909). In: Studienausgabe Bd. VII. Zwang, Paranoia und Perversion. A. a. O., S. 96. Zur Konstruktion der Zwangsneurose s. a.: Freud, Sigmund: Vorlesungen zur Einführung in die Psychoanalyse (1917). Allgemeine Neurosenlehre. In: Studienausgabe Bd. I, Frankfurt/M. 1969, S. 245-445 und Freud, Sigmund: Studienausgabe. Bd. VII. Zwang, Paranoia und Perversion. A. a. O.
Wie auch das Aufrechterhalten kindlicher Größenfantasien, Allmacht der Gedanken, die Verdrängung sexueller Neugierde und Zeigelust sowie ein Voraneilen der Ichentwicklung vor der Libidoentwicklung, was zu einer Übermoral führt, daran mitwirken, soll an dieser Stelle nicht im Einzelnen ausgeführt werden.

Der Abwehrkampf gegen ein Bewusstwerden des Hasses stützt sich vor allem auf den bereits angeführten seelischen Mechanismus der Spaltung. Darin werden beide Strebungen strikt getrennt voneinander aufrechterhalten, ohne dass es zu einer Vermittlung kommen kann. Da die rechte Hand sinnbildlich nicht weiß, was die linke tut, findet keine regulierende Auseinandersetzung zwischen den einander entfremdeten Zügen statt. Eine Pattsituation, in der die beiden hoch potenzierten Tendenzen sich gegenseitig schachmatt setzen, wird auf diese Weise hergestellt.

Behandlung durch Aussöhnung der Gegensätze

Erst wenn der therapeutische Prozess diese Entstehungsgeschichte einsehbar macht, wird eine Vermittlung möglich, bei der die Feindseligkeit ihre beunruhigende Virulenz verliert. Letztlich kommt in der Zwangsneurose also ein allgemeiner Zweifel an der Liebe zum Ausdruck. Freud bringt es auf diese Formel: „Wer an seiner Liebe zweifelt, darf, muss doch auch an allem andern, geringern zweifeln"[58]. An diese Inhalte muss man sich in der Behandlung jedoch behutsam annähern, um nicht eine stärkere Verdrängung und damit ein explosives Anwachsen des Hasses hervorzurufen. Das Tempo des Bewusstmachens muss organisch aus dem Prozess erwachsen. Zu frühe Deutungen können das Gegenteil bewirken und statt einer Vermittlung der Extreme sogar eine

---

[58] Freud, Sigmund: Bemerkungen über einen Fall von Zwangsneurose (1909). A. a. O., S. 98

Verschärfung des Getrennthaltens von Liebe und Hass bahnen. Die Dinge sollen mit Bedacht und zu einem angemessenen Zeitpunkt beim Namen genannt werden.

Gewaltiger Jähzorn

Im Märchen *Rumpelstilzchen* ist das Beim-Namen-Nennen am Ende der Erzählung von unbändigem Zorn begleitet und führt, wie bereits angeführt, zu einem Spaltungsakt, bei dem das entlarvte Männchen sich aueinanderreißt. Wenn etwas beim Namen genannt wird, hört das Hin und Her, das permanente Lavieren auf.

Dass die beschriebenen 180°-Wendungen zwischen Liebe und Hass, die auch bei einer Borderline-Erkrankung unvermittelt stattfinden, in der Regel mit hoher Affektivität einhergehen, liegt darin begründet, dass mühsam unterdrückter Hass plötzlich und heftig aufbricht. Menschen, die sich bemühen, immer nur gut zu sein, unterliegen der Gefahr, vom Bösen in ihnen unverfügbar überrollt zu werden. Kränkungen stauen sich explosiv an und lassen keinen moderaten Ausdruck mehr zu.

Alkohol wird dann häufig zu einem Ventil, Aggression auszuleben, die im Alltag mühsam gedeckelt werden muss. In betrunkenem Zustand glaubt man, die Haftung für sein Agieren nicht übernehmen zu müssen. Die Behandlung der Alkoholsucht muss deshalb ein besonderes Augenmerk auf den Umgang mit Aggression legen, um Wege zu eröffnen, die Aggressions-Hemmung für einen gemäßigten Ausdruck im täglichen Leben zu lockern. Eine abgrundtiefe Angst vor der eigenen Zerstörungskraft macht psychologisch anfällig für Alkoholismus, wenn man sich stets lammfromm zu gebärden versucht und sich nur im Rausch aggressive Ausfälle erlaubt. Versuche, sich mit der Droge dermaßen zu betäuben, dass man handlungsunfähig dahindämmert und sogar auf fremde Stütze angewiesen ist, um auch nur einen Schritt zu gehen, greifen dann nicht mehr, und die Wut platzt regelrecht heraus.

Tödliche Wirkungen

In der paranoiden Bearbeitungsform dieses Konflikts werden die als lebensbedrohlich erlebten eigenen Wirkungen nach außen verlagert und als äußere Bedrohung abgewehrt. Bösartig erscheinen ausschließlich die anderen, die als Feinde abgewehrt und geflohen werden, da sie einem mit unbändiger Energie hartnäckig ans Leben wollen. Generell sind auch Verfolgungs-Träume, wie in der dargestellten Traumanalyse sichtbar wird, nach diesem Schema aufgebaut und tarnen in der Flucht vor bösen Gestalten eigene gewalttätige Impulse.

Zwangsneurotiker sehen, aus Angst vor dem Bösen in sich selbst, in antizipierten Konsequenzen ihrer Handlungen verheerende und sogar tödliche Wirkungen, die in katastrophalen Bildern imaginiert werden. Ein 52-jähriger Mann war in erheblichem Maße in seinem Alltagsleben u. a. durch die sich bei fast jeder Autofahrt aufdrängende Vorstellung beeinträchtigt, dass er beim Autofahren höchstwahrscheinlich irgendjemanden, ohne es recht zu bemerken, überfahren habe. Er fühlte sich dadurch genötigt, bereits zurückgelegte Wege wieder zurückzufahren und verlassene Orte ein weiteres Mal zu passieren, um sicherzugehen, dass nicht vielleicht ein durch ihn verletzter Mann blutend oder sogar sterbend im Gebüsch lag. Er machte sich arge Selbstvorwürfe, dass ihn in allen blutigen Details ausgemalte Tagträumereien von hochdramatischen Szenen beim Fahren in Bann gehalten hatten. Ein schlimmer Unfall hätte ihm eventuell in diesem tranceartigen Zustand entgehen können, fürchtete er, weil er beim Fahren nicht geistesgegenwärtig gewesen war. Auf diesem Weg erzeugte er die Berechtigung, den Weg noch einmal abzufahren, um zu kontrollieren, dass niemand durch seine Schuld gerade mit dem Tode rang. In diesem Zirkelschluss verfestigte und steigerte sich die Symptomatik. Je mehr er gedanklich mit Horrorbildern beschäftigt war, umso wahrscheinlicher schätzte er seine lebensgefährliche Wirkung ein.

Während geübte Autofahrer sich Fantasien hingeben können, ohne dass ihre Fahrtüchtigkeit darunter leidet, kreidete er sich solche Geistesabwesenheiten als schlimm an und bemühte sich krampfhaft, an nichts zu denken, sondern nur hochkonzentriert auf den Verkehr zu achten. Die seelische Gesetzmäßigkeit, dass das, was wir mit aller Macht zu vermeiden suchen, geradewegs herbeigerufen wird, erzeugt einen aufreibenden Kampf zwischen Abwehr und Zulassen von Fantasien. Regelmäßig werden Gedächtnislücken dazu verwendet, den Zweifel, ob man vielleicht etwas Böses getan haben könnte, ohne es zu erinnern, zu nähren.

Automatisierte unbewusste Abläufe, die so sehr in Leib und Blut übergegangen sind, dass sie keine Aufmerksamkeit mehr erfordern, machten ihm Angst. Sie eröffneten einen Spielraum für ein ausgedehntes Schweifen in aggressiven Gedanken. An Zerstörerisches erlaubte er sich aber nur zu denken, indem er sich zu vermeidende Aktionen vorstellte, die Schutzmaßnahmen erforderlich machten. Unter dieser Bedingung schwelgte er geradezu in Blut- und Todesbildern.

Dass er anderen möglicherweise Leid zufügen wollte, wies er zunächst weit von sich. Im Gegenteil: Verhüten wolle er, dass Schreckliches passiere – niemals würde er so etwas mutwillig tun! Er gab sich in seinem Alltag große Mühe, ausgesprochen sanftmütig und deeskalierend aufzutreten. Gewalttätige Männer verachtete er zutiefst und war sogar einer Gruppe beigetreten, die sich zum Ziel gesetzt hatte, pädagogisch gegen derartige Ausfälle wirksam zu werden. Meldungen in der Presse über brutale Überfälle in U-Bahnen verfolgte er mit großem Interesse und betonte, wie schockiert er darüber war. Es war ein langer Behandlungsprozess notwendig, um ihn an diesen unbewussten psychischen Kontext heranzuführen, dem er in seinem Leben großen Raum einräumte.

Grübelzwang

Im Grimmschen Märchen *Die kluge Else*[59] werden ebenso verhängnisvolle Entwicklungen vorweggenommen, die so real scheinen, dass Vorsichtsmaßnahmen jegliches Handeln

---

[59] Brüder Grimm: Die kluge Else. KHM 34. In: Kinder- und Hausmärchen. A. a. O., I. Bd., S. 244-249

stilllegen. „Sie sieht den Wind auf der Gasse laufen und hört die Fliegen husten", so wird sie von ihrer Mutter charakterisiert, um sie dem Bewerber anzupreisen, der unbedingt eine gescheite Frau heiraten möchte. Als Else im Keller Bier holen soll, schaut sie, um „ihre Augen nicht mäßig zu lassen" die Wand hinaus, heißt es im Märchen, und erblickt „nach vielem Hin- und Herschauen" eine Kreuzhacke gerade über sich, die der Maurer versehentlich hatte in der Wand stecken lassen. Da fängt sie an zu weinen angesichts der düsteren Aussichten, die sie mit ihrer Beobachtung verbindet: „Wenn ich den Hans kriege, und wir kriegen ein Kind, und das ist groß, und wir schicken das Kind in den Keller, dass es soll Bier zapfen, so fällt ihm die Kreuzhacke auf den Kopf und schlägt`s tot."

Mit diesen trüben Gedanken bleibt sie regungslos sitzen und kehrt lange nicht aus dem Keller zurück. Die Magd, die nachschauen soll, wo die Else bliebe, verfällt, als sie Elses Bedenken hört, in dieselbe Starre. Als auch der Knecht, Mutter und Vater nicht wiederkehren, sondern von dem Wehklagen regelrecht angesteckt werden und sich weinend nicht mehr von der Stelle rühren, schaut der Bräutigam selbst nach dem Rechten. Der Bräutigam ist nun überzeugt, eine kluge Frau zu heiraten, und hält mit Else Hochzeit.

Sensibilität und Intelligenz reduzieren sich jedoch beim Grübelzwang auf das Erspüren von Gefahrenlagen. Dabei kommt man vom Hölzchen aufs Stöckchen und löst durch das Ersinnen von allerlei Eventualitäten jegliche Kontinuität auf. Wie weit vorgreifend dieses Vorgehen ist, wird deutlich, als die kluge Else ihr noch ungezeugtes Kind bereits zwingend in Lebensgefahr wähnt. Doch statt zu handeln, erstarrt sie. Sie vertraut nicht auf Entwicklung und auch nicht auf ihre eigenen Eingriffsmöglichkeiten. Es wäre ein Leichtes, die Hacke zu entfernen, sodass das Risiko in der Zukunft gar nicht mehr bestünde. Gegenwart und Zukunft werden in diesem Vorgriff jedoch gleichgesetzt.

Regelmäßig wird auch die Vergangenheit herangezogen, um argumentativ abzustützen, dass man unbedingt vorbeugen muss. Man sagt sich und anderen: Mir ist dieses und jenes bereits geschehen, das wird unausweichlich wieder so kommen, wenn ich nicht Vorsichtsmaßnahmen treffe. Phobisches Vermeiden baut auf diese vermeintliche Gesetzmäßigkeit. Eine Wiederholung wird als unausweichlich vorausgesetzt. Die Erfahrung, dass es im Leben nie wieder identisch so kommt, wie es einmal gewesen ist, wird außer Betracht gelassen.

Vielfalt der Zwangs-Symptome

Der Psychoanalytiker Wilhelm Stekel[60] hat in zwei dicken Bänden Formen vielfältiger Zwangs-Symptomatik beschrieben, die Zeugnis davon ablegen, wie erfinderisch das Seelische ist. Es gibt fast nichts, was es nicht gibt. Ordnungszwänge, bei denen jedes Ding auf dem Tisch oder Schreibtisch in akkuratester Stellung, z. B. exakt im rechten Winkel oder in perfekter Symmetrie, zu positionieren ist und kleinste Abweichungen von diesem Schema große Beunruhigung auslösen, sind noch relativ nah an alltäglichen, eher harmlo-

---

[60] Stekel, Wilhelm. Zwang und Zweifel. Berlin, Wien 1928

sen Formen, bei denen Sofakissen oder Teppichfransen in Reih und Glied stehen und Bücher oder Klammern farblich sortiert werden sollen. Erst wenn diese Sortieraktionen häufig wiederholt werden müssen, geraume Zeit des Tages einnehmen und keinerlei Ausnahme zulassen, kommt darin eine seelische Vereinseitigung mit Folgen für die gesamte Lebensführung zum Ausdruck.

Ein Zwang kann auch nicht selten darin bestehen, dass Menschen sich auferlegen, den Fuß nur auf jeden zweiten oder dritten Stein auf dem Weg zu setzen oder dass sie peinlichst vermeiden, die Fugen auf dem Bürgersteig zu betreten. Dies ist mit den dafür erforderlichen Balanceakten und Verrenkungen nicht weit von früher beliebten kindlichen Hüpfspielen entfernt. Im Aberglauben leben solche Verhaltensvorschriften, die unheilbringende Folgen bannen sollen. Ein Tabu, von dem bereits die Rede war, ist dann wörtlich genommen als Zone, die nicht betreten werden darf.

Versachlichen

Wer sich in Situationen mit unangenehmen Konfrontationen in Zählzwänge (Arithmomanie) flüchtet, wehrt eine konfliktreiche Auseinandersetzung ab, schweift und lenkt gleichsam davon ab. Im Versuch, sich an Zahlen zu klammern, sucht man eine seelische Verwicklung herunterzukühlen und zu veobjektivieren. Eine ähnliche Funktion haben auch Zwangsvorstellungen, die regelmäßig in bestimmten Zusammenhängen und nur dort auftreten.

Bei einer 34-jährigen Frau drängten sich Bilder von alltäglichen Gegenständen, die sie plastisch vor sich sah, ins Liebesspiel auf, je mehr die sexuelle Erregung einem Höhepunkt zustrebte. Sie verfolgte, wie sich diese im Raum bewegten, und war dadurch gar nicht mehr bei der sexuellen Sache. Diese Objekte neutralisierten den heißlaufenden seelischen Prozess und garantierten, dass sie sich nicht so fallen ließ, dass eine Auflösung drohen könnte. Der Zwang zog die Handbremse und garantierte die Abwehr eines möglichen Kontrollverlustes.

Sich bloß nicht die Hände dreckig machen

Vergiftungs- und Ansteckungsfantasien veranlassen dazu, alles vor der Berührung eingehend, wieder und wieder, zu säubern. Waschzwänge[61] sind z. B. auch dann nicht zu stoppen, wenn die Haut wegen der häufigen Reinigung bereits wundgescheuert ist und schmerzt. Abgewehrt wird darin auch der Wunsch, sich im Dreck zu suhlen, den man als kleines Kind ungehemmt ausleben durfte. Der Übergang von penibler Reinlichkeit zu ausgeprägten Waschzwängen ist fließend. Sagrotan und andere Hygienemittel bedienen diese Marktnische und wiegen im Gefühl der Sicherheit, (fast!) allen ekeligen Resten den Garaus gemacht zu haben. Eben nur fast, denn das Restlose gibt es im Seelischen nicht.

---

[61] S. dazu auch die psychologische Analyse des Spielfilms *Aviator* in: Becker, Gloria: Kontrolle und Macht. A. a. O., S. 247-264

Wie man dabei bemüht ist, in Anklang an Pilatus seine Hände in Unschuld zu waschen, verweist kaum verhüllt auf den seelischen Sinn dieser Symptomatik. Anderen Zwangshandlungen kann man ihre psychische Bedeutung jedoch nicht unmittelbar ansehen. Abwehrformen haben den Kontext unkenntlich gemacht. Erst in einer eingehenden Analyse offenbart sich im gemeinsamen Prozess, für den Menschen einsehbar, was jeweils dahintersteckt.

Will man sich wirklich helfen lassen?

Eine Zwangs-Störung ist nicht leicht zu behandeln, da nicht selten eine Krankheitseinsicht fehlt. Andere fühlen sich häufig eher dadurch beeinträchtigt und „schicken" den zwanghaften Menschen zum Therapeuten. Solange man die selbst auferlegten Gebote ungestört durchführen kann, ist man vor der Angst geschützt. Erst wenn die Angst durch ständig neue Maßnahmen kaum noch zu beschwichtigen ist und das Alltagsleben durch die Symptomatik immens aufwendig geworden ist, sucht man in der Regel therapeutische Hilfe auf.

Schwierig wird die Behandlung auch dadurch, dass man auf umgehende Abhilfe, fast per Knopfdruck, hofft und Probleme hat, sich auf einen ausgedehnten Prozess einzulassen. Die Zweifel erstrecken sich natürlich auch auf einen kritischen Blick auf die Behandlung: Will man sie wirklich? Kann sie einem helfen? Ist der Therapeut der Richtige? Ambivalenz durchzieht alle Bindungen und Fragen des Lebens, also auch die Begleitumstände der Psychotherapie. Gerne belässt man es dann bei medikamentöser Behandlung, die nichts aufwühlt und zutage fördert, was beunruhigend sein könnte. Es genügt einem dann, die Symptome ein wenig zu dämpfen, um seinen Alltag halbwegs bewerkstelligen zu können. Die Angehörigen nehmen die seltsamen Marotten gezwungenermaßen in Kauf und richten sich danach aus – das Ausgehen nimmt dann z. B. einen längeren Zeitraum in Anspruch, bis alle Gefahrenquellen zigmal gecheckt worden sind. Damit sucht man zu leben, bis die Beeinträchtigungen im Alltagsleben unerträglich werden.

Spaltungsmechanismus

Bedenklich ist, dass durch den Abwehrmechanismus der Spaltung der seelische Zusammenhang durchbrochen ist. Die rechte Hand weiß dann nicht, was die linke tut. Die bereits angeführte Schluss-Szene im Märchen *Rumpelstilzchen* symbolisiert diese Zerrissenheit. Die beiden Bilder, zwischen denen man im Seelischen per Spaltung ständig wechselt, sind in einem Schwarz-Weiß-Schema dual gegenübergestellt: Engel oder Teufel, Gut oder Böse, Bild und Gegenbild, Kindlich oder Erwachsen. Das rasche Umswitchen zwischen beiden Extremen soll beides zugleich lebbar machen. Wenn man die Wippe zwischen den gegensätzlichen Polen nur flott genug betätigt, meint man, per Kurzschließen eine Überbrückung der Kluft erzielen zu können, ohne sich einer mühsamen Auseinandersetzung stellen zu müssen. Für den kurzen Augenblick eines Klicks sollen die beiden getrennt gehaltenen Pole zusammenfallen und der Zwiespalt überbrückt sein.

Sigmund Freud hat 1938 den Mechanismus der Ichspaltung als „sehr geschickte Lösung" bezeichnet. In der konflikthaften Ausgangslage, sich zwischen zwei Tendenzen entscheiden zu sollen, wird keine von beiden gewählt bzw. beide zugleich, was auf dasselbe hinauskomme, so Freud. Man „antwortet auf den Konflikt mit zwei entgegengesetzten Reaktionen, beide giltig und wirksam."[62] Der Preis für diese Lösung besteht in einem „Einriss" im Ich, der sich mit der Zeit vergrößert. Es wird unverfügbar, was ursprünglich eng zusammengehörte. Der Neigung des Ichs, eine Synthese zu erzielen, wird dadurch nicht entsprochen, sondern ein Nebeneinander konserviert, das zweierlei konträre Züge parallel schaltet.

Identitätsdiffusion

Dieser Abwehrmechanismus kann schließlich sogar dazu führen, dass man den Bezug zur Realität ganz verliert. Allgemein bekannt ist das Phänomen der Spaltung in Zusammenhang mit gespaltenen Persönlichkeiten. Bei der dissoziativen Identitätsstörung oder multiplen Persönlichkeitsstörung existieren mehrere Persönlichkeiten nebeneinander, ohne dass sie im Extrem voneinander wissen. Wahrnehmung, Erinnerung und das Erleben der Identität sind betroffen. Bei dieser sehr ernsthaften Form der Dissoziation bilden

---

[62] Freud, Sigmund: Die Ichspaltung im Abwehrvorgang (1938). In: Studienausgabe. Bd. III. Psychologie des Unbewussten, Frankfurt/M.1973, S. 391

Menschen zahlreiche unterschiedliche Persönlichkeiten, die im Wechsel die Kontrolle über ihr Verhalten übernehmen. Diese Personen sind nie gemeinsam wirksam. Der Mensch kann sich deshalb auch nicht oder nur schemenhaft daran erinnern. Bei der Schizophrenie hören Menschen Stimmen, die ihre Handlungen beobachten und kommentieren. Diese enthalten in verzerrter Form die abgewehrten Inhalte.

Als die kluge Else das Korn auf dem Feld schneiden soll, fragt sie sich: „Was tu ich? Schneid ich ehr, oder ess ich ehr?" … „Was tu ich? Schneid ich ehr, oder schlaf ich ehr?" Sie schläft bis zum späten Abend und kann auch von ihrem Hans gar nicht geweckt werden. Als sie erwacht, rappeln die kleinen Schellen, die Hans ihr umgebunden hat. Sie erschrickt, wird irre, ob sie auch wirklich die kluge Else wäre und spricht: „Bin ich's, oder bin ich's nicht?" Sie weiß nicht, was sie darauf antworten sollt, und steht eine Zeit lang „zweifelhaft"; schließlich denkt sie: „Ich will nach Hause gehen und fragen, ob ich's bin oder ob ich's nicht bin, die werden's ja wissen." Sie klopft an das Fenster und ruft: „Hans, ist die Else drinnen?" – „Ja", antwortet der Hans, „sie ist drinnen." Da erschrickt sie und spricht: „Ach, Gott, dann bin ich's nicht." Schließlich läuft sie fort, und niemand hat sie wiedergesehen.

Die Komik der Märchenerzählung lässt einen zunächst über die Bedenkenträgerin schmunzeln, doch das Lachen bleibt im Halse stecken, als deutlich wird, dass sich die kluge Else selbst darüber verliert. Die beschriebene Identitätsdiffusion offenbart den tragischen Ernst der Lage. Wenn man darauf angewiesen ist, dass andere einem sagen, wer man ist, und kein eigenes Maß entwickelt, lösen sich die Grenzen des Eigenen auf. Man ist außerstande zu sagen, wer man ist.

3. Vor der Tat

Wie jedes Märchen gibt auch das Märchen *Rumpelstilzchen* Hinweise, wie sich der seelische Grundkonflikt, von dem das Märchen handelt, behandeln ließe. Dadurch, dass die Müllerstochter gar nicht erst versucht, die Aufgabe, Stroh zu Gold zu spinnen, anzugehen, steht sie, als sie noch zweimal vor einen noch größeren Berg voller Stroh gesetzt wird, erneut vollkommen ratlos davor. Ihr fehlt auch beim dritten Male die Erfahrung, um zu wissen, wie man es angehen könnte, sodass sie weiterhin auf Hilfe angewiesen ist.

Bevor sie überhaupt probiert, ob sie sich vielleicht nach und nach ein Können aneignen könnte, gibt sie gleich auf. Dass es den Anschein erweckt, als trauten sich Menschen, die dieses Märchenbild leben, gar nichts zu und fühlten sich gleich überfordert, resultiert aus den hochgesteckten Ansprüchen, die sie an sich selber stellen. Andere sehen eher über Fehler und Anfängerpannen hinweg als sie selbst. Wenn es von vorneherein um beeindruckende, glanzvolle Werke geht, ist es schwierig, sich mit kleinen Brötchen zufriedenzugeben. Der Kontrast zwischen Stroh und Gold ist so groß, dass man eine Umsetzung kaum für wahrscheinlich hält und auf zauberische, übermenschliche Kräfte setzt.

Aller Anfang ist schwer

Jeder weiß aus Erfahrung, dass manche Aufgabe zunächst überdimensional groß und kaum zu bewältigen erscheint. Hat man sich erst einmal daran gewagt und einige

Schritte nach vorne getan, wird sie zunehmend machbar. Ich erinnere mich noch gut an den Schweiß, der in den ersten Fahrstunden geflossen ist. So vieles war parallel zu beachten, dass es schier unmöglich schien, Vorfahrtsschilder, andere Autofahrer, Radfahrer und Fußgänger, Gangschaltung etc. gleichzeitig im Blick zu halten und sich dennoch zügig durch den Verkehr zu bewegen, ohne Karambolagen herbeizuführen. Wenn man ständig darüber nachdenkt, welcher Schritt zuerst und welcher zuletzt zu machen ist, verzweifelt man an der Aufgabe. Nach nicht langer Zeit ging dies alles jedoch so in Fleisch und Blut über, dass ein weitgehend automatisiertes Handhaben der Fahr-Situation möglich geworden ist. Man kann darauf vertrauen, dass man die Abläufe nach und nach verinnerlicht. Auch die Signierung und Auswertung des Rorschach-Tests schien zunächst abschreckend komplex, bis sich zunehmend eine Vertrautheit damit entwickelte, sodass sich dieses differenzierte Diagnose-Instrument nach jahrelanger eingehender Einübung sinnvoll einsetzen ließ.

Eins nach dem anderen

Im Märchen sagt das Rumpelstilzchen beim Tanz um das Feuer einen Spruch auf, der darauf hinweist, wie das zunächst übergroß erscheinende Pensum zu bewältigen ist: „Heute back ich, morgen brau ich, übermorgen hol ich der Königin ihr Kind". Wenn man das Riesenwerk in kleine Einzelportionen aufteilt, die man nacheinander abarbeitet, ist das große Projekt eher zu bewerkstelligen. Indem man

Prioritäten setzt und die einzelnen Schritte in ein Nacheinander bringt, kann man eine praktikable Lösung entwickeln.

In Michael Endes Buch „Momo" verrät der Straßenfeger Beppo dem Mädchen Momo, wie es ihm gelingt, seine Arbeit gerne und gründlich zu erledigen. Seine Weisheit gibt er folgendermaßen weiter: Wer die sehr lange Straße vor sich sehe und glaube, die Aufgabe wäre nie zu schaffen, eile sich immer mehr. Dabei sähe er jedes Mal, wenn er aufblicke, dass nicht weniger werde, was vor einem liege. „Und man strengt sich noch mehr an, man kriegt es mit der Angst, und zum Schluss ist man ganz außer Puste und kann nicht mehr. Und die Straße liegt immer noch vor einem. So darf man es nicht machen." ... "Man darf nie an die ganze Straße auf einmal denken, verstehst du? Man muss nur an den nächsten Schritt denken, an den nächsten Atemzug, an den nächsten Besenstrich. Und immer nur an den nächsten." ..."Dann macht es Freude; das ist wichtig, dann macht man seine Sache gut. Und so soll es sein" ... „Auf einmal merkt man, dass man Schritt für Schritt die ganze Straße gemacht hat. Man hat gar nicht gemerkt wie, und man ist nicht außer Puste."[63]

Alles auf einmal

Ratgeber-Bücher, die Tipps geben, wie man aufräumen und Ordnung schaffen kann, predigen mit großem Verkaufserfolg die Methode eines versimpelten Lebens (Simplify) in vielfältigen Varianten. Sie sprechen die Hoffnung an,

---

[63] Ende, Michael: Momo. Stuttgart 1973, S. 35-37

man könnte es sich im Leben doch, wider alle tagtägliche Erfahrung, ganz einfach machen. Die eingängige Empfehlung lautet: „Zack-statt-Zögern"[64]. Doch dies ist angesichts der Schwierigkeiten, Wichtiges von Unwichtigem zu unterscheiden, leichter gesagt als getan, und kann ja auch, wie bereits ausgeführt, durch sich kontinuierlich verschiebende Prioritäten verkompliziert werden, wenn ständig neue hochwichtige Punkte auf die Agenda gesetzt werden.

Die scheinbar kinderleichte Umsetzung des Abwurfs von unnötigem Ballast scheitert auch häufig daran, dass man am liebsten Heinzelmännchen am Werk sähe, die auf einen Schlag alles vollbringen, was dringend ansteht und am liebsten vorgestern schon hätte erledigt werden sollen. Der Verkauf dieser Bücher mit einfachen Handlungsanweisungen basiert vermutlich zu einem guten Teil auf der Verheißung, magische Kräfte aktivieren zu können, als genüge es bereits, solch ein Buch zu besitzen, um umgehend, ohne mühsame tage- oder wochenlange Kleinarbeit, versprochene sensationelle Klar-Schiff-Erfolge zu erzielen.

Das Nimmersatte, das am liebsten alles auf einmal in einem Bissen verschlingen möchte, steht einem notwendigen Durchgliedern entgegen. Im Märchen kann der König auch erst nicht genug von dem Gold haben: er ist „noch immer nicht des Goldes satt", heißt es. Er heiratet die Müllerstochter, da er eine reichere Frau in der ganzen Welt nicht zu finden glaubt. An der Vorgestalt lockt vor allem der große

---

[64] Küstenmacher, Werner Tiki; Seiwert, Lothar J.: Simplify your Life. Einfacher und glücklicher leben. Frankfurt, New York [12]2004
http://www.simplifyyourlife.de/Ordnung/PR/1339/sid/GEL7250?gclid=CO7ty5u8l6gCFUTxzAodCnRPCw

Reichtum, den sie verheißt; da sie noch nicht ausdifferenziert ist, enthält sie eine unüberschaubare Fülle an Möglichkeiten.

Ein Ruck im Getriebe

Wenn man etwas angeht, das als Aufgabe vor einem steht, geht dies in der Regel in einem mehr oder weniger merklichen Ruck vor sich. Das Unerledigte, das sich angehäuft hat, schaut uns regelrecht an und hat einen zunehmend nötigenden Aufforderungscharakter. Aus diesem Grund schließen wir gerne Türen oder vergraben die offenen Baustellen in Schränken, Kellern und Garagen, um nicht dauernd daran erinnert zu werden, dass etwas getan werden sollte. In jedem Haushalt finden sich mehr oder weniger chaotische Ecken, in denen Reste überleben, die man nicht entsorgen mag.

In Schubladen lagern z. B. Schlüsselsortimente, die man keinem Schloss mehr zuordnen kann. Dass wir dazu neigen, diese weiter zu verwahren, obwohl wir die dazugehörigen Türen in alten Wohnungen oder Schränken hinter uns gelassen haben, hat einerseits damit zu tun, dass sie ein Stück unserer Geschichte repräsentieren. Indem wir die Schlüssel verwahren, halten wir nostalgisch an der Option fest, wieder Zugang zu diesen vergangenen Welten finden zu können, obwohl wir wissen, dass manche Tür auf ewig zugeschlagen ist und manche Orte gar nicht mehr existieren. Symbolisch halten wir uns darin diese Türchen noch offen. Andererseits lebt in diesen Überbleibseln ein magischer Zauber märchenhafter Schätze, die sich vielleicht eines Tages erschließen könnten. Wie ein „Sesam öffne dich", das zu gegebener Zeit wie von selbst Truhen und verschlossene Räume zugänglich machen könnte, wird der magische Glaube sorgsam gehütet und trotzt einem Ausrangiertwerden. Peter von Matt spricht vom „Talisman der Vergangenheit"[65].

Was optisch nicht so leicht zu verdrängen ist, weil es einem direkt vor Augen steht, wie überquellende Schreibtische, monatelang unerledigte Ablagen, offenkundiger Renovierungsstau, üppiges Unkraut-Dickicht, Spülberge oder dreckstarrende Ecken, blendet man mit psychischer Kurzsichtigkeit raffiniert aus, bis sie beim besten Willen nicht mehr zu übersehen sind. Es erstaunt immer wieder, zu erfahren, dass Farbeimer und Tapetenrollen, die für die Verschönerung der Wohnung vor vielen Jahren erworben wurden, auf Schränken im Wohnzimmer lagern, unaufgebaute Regale den Spielraum so einengen, das man dauernd darüber stolpert, Umzugskisten Jahrzehnte darauf warten, ausgepackt zu werden, Liebhaber-Motorräder und Oldtimer-Schmuckstücke ungenutzt gelagert werden, weil sie für traumhafte Spritztouren irgendwann aufpoliert werden sollen – all dies gemahnt täglich daran, dass Projekte entworfen, aber nicht umgesetzt wurden. Gerne wird dieser anstehende Angang immer weiter herausgeschoben. Man spricht davon, dass man sich einfach nicht dazu aufraffen könne.

Wir erleben unseren Alltag zwar als Kontinuum, doch kann man darin immer wieder kleinere und größere Hand-

---

[53] Von Matt, Peter: Wörterleuchten. Kleine Deutungen deutscher Gedichte. München 2009, S. 201

lungseinheiten voneinander abheben. Man lässt etwas hinter sich und geht anderes an. Eine Aktion endet und eine neue Handlungseinheit[66] beginnt. Rituale des Anfangs und des Abschlusses einer Aktion markieren und erleichtern diesen Übergang. Begrüßungs- und Verabschiedungsfloskeln, das Betreten oder Verlassen eines Raumes, das Anschalten eines Gerätes usw. leiten einen neuen Prozess ein. Zwischen „nicht mehr" und „noch nicht" gibt es gleichsam eine Umschaltstelle.

Kinder sind oft sehr empfindlich, wenn sie mitten in einem spannenden Spiel oder bei einer vertieften Beschäftigung gestört werden. Sie reklamieren mehr oder weniger lautstark, dass sie etwas zu Ende machen möchten, bevor sie zum Essen kommen oder sich für einen Ausflug anziehen wollen. Vor allem beim Zubettgehen der Kinder fallen diese Übergangshilfen besonders auf. Das abendliche Procedere des Waschens und Zähneputzens, Kuschel- und Vorlesezeremonien, das Anlassen von Lichtern und das Offenlassen von Türen, die Begleitung von Schmusetieren, das Zudecken, ein Gutenachtkuss etc. wird in einem mehr oder weniger festen Ablauf praktiziert, um unmissverständlich zu vermitteln, dass nun Schlafenszeit ist. Nicht nur Proust[67] sehnte in seiner Suche nach der verlorenen Zeit den ausgebliebenen abendlichen Abschied von der Mutter herbei. Kinder klagen diese unausgesprochenen Verträge bei Abweichungen vom üblichen Ablauf gerne vehement ein.

---

[66] Salber, Wilhelm (1956): Über psychische Handlungseinheiten. In: Jb. f. Psychol., Psychoth. u. med. Anthrop. (4) 1/2, S. 128-147
[67] Proust, Marcel: Auf der Suche nach der verlorenen Zeit (1908/09-1922). Frankfurt/M. 1979, S. 40-61

Im Schlaf ruht das Handeln. Eltern können ein Lied vom Erfindungsreichtum ihrer Kleinen singen, wenn es darum geht, das Tagewerk nicht beenden zu müssen. Durst und Hunger, irgendwelche Wehwehchen, Neugier auf Besuch und andere „Vorwände" locken sie immer wieder ins Geschehen. Sie wissen genau, dass ein Einschnitt gesetzt werden soll, und lassen sich allerhand einfallen, um diesen zu vertagen. Ihr Bild davon, wann etwas rund und abgeschlossen ist, muss sich nicht unbedingt mit dem Tagesrhythmus der Eltern decken.

Die Gestaltpsychologen haben in Wahrnehmungsexperimenten anschaulich vor Augen geführt, wie wir darauf aus sind, Gestalten als in sich geschlossen wahrzunehmen. Eine vollständige, durch Konturen abgegrenzte Geschlossenheit ist nicht erforderlich, damit dieses Gestaltgesetz wirkt. Im Wahrnehmungsprozess wird ergänzt, was fehlt; die Einzelteile werden zu einer Ganzheit zusammengefügt. Durchbrochene Kreise werden komplettiert und als durchgängig rund erlebt, Lücken werden „übersehen".

Das Timing

Über die Wahrnehmung hinaus ist solch eine Tendenz zu Geschlossenheit im Seelischen wirksam. Ein Zeitgefühl entwickelt sich, das einzuschätzen hilft, wann etwas über Gebühr ausgedehnt oder verfrüht und abrupt beendet worden ist. Wir haben ein Bild von Reifungsprozessen und merken, wenn sich etwas angebahnt hat und nun unmittelbar ansteht. Nach dem Motto: „Wenn nicht jetzt, wann dann!"

spüren wir, dass es nun gilt, sich einen Stoß zu geben. Diesen Punkt kann man nicht problemlos nach hinten schieben. Seelischer Aufwand ist nötig, um penetrant hintanzustellen, dass etwas getan werden sollte. Man muss das Anstehende verstecken oder ganz beseitigen, um nicht ständig gegen einen nahegelegten Handlungsimpuls angehen zu müssen. Das Verleugnen gelingt in der Regel nicht vollkommen, sodass die Beunruhigung durch die anstehenden Aktivitäten nicht ganz außer Kraft zu setzen ist.

Wenn Menschen ihre Post nicht mehr öffnen und Wäschekörbe verschlossener Briefe jahrelang in der Wohnung stapeln, wird solch ein Vorgehen anschaulich. In Erwartung unangenehmer Mahnbriefe zieht man es vor, einfach so zu tun, als existierten diese gar nicht. Man fühlt sich nicht in der Lage, sich mit den ins Haus kommenden Anforderungen der Wirklichkeit auseinanderzusetzen. Dass die Mahnmale an das Unerledigte nicht ganz fortgeworfen werden, sodass sie nie ganz aus dem Blick verschwinden, hängt damit zusammen, dass die Psyche das komplette Ignorieren von Lebensanforderungen verhindert. Eine Vogel-Strauß-Politik lässt sich seelisch nur mit allergrößtem Kraftaufwand über eine gewisse Zeit aufrechterhalten. Das Weggehaltene sucht sich wieder und wieder in Erinnerung zu rufen.

Im schlechten Gewissen, das uns plagt, kommt zum Ausdruck, dass ein Bewusstsein davon existiert, dass etwas verfehlt wurde, was überfällig ist, und dass dieses Wissen keine Ruhe lässt, sondern weiterhin in Richtung einer Berücksichtigung im gesamtseelischen Haushalt zieht.

Die Angst vor dem Sprung

Das definitive In-Angriff-Nehmen setzt dann einen Wendepunkt und wirkt oft entlastend. Endlich ist man die seelische Mühe des immer wieder verlängerten Aufschubs los. Das Tun setzt Energien frei, und man fragt sich angesichts der verspürten Erleichterung, weshalb man sich nicht früher schon dazu durchgerungen habe. Ein klassisches Musterbeispiel fürs Zögern ist das endlos anmutende Stehen auf einem Sprungbrett, in Bereitschaft, sich dem Wasser und der Tiefe anzuvertrauen. Gleichsam in Zeitlupe kann man dabei erfahren, was in solch einem Übergang ins Handeln vor sich geht. Im Bild der Versteinerung wirken heftige konträre Kräfte. Es handelt sich dabei um eine „energische Inaktivität"[68], wie Joseph Vogl diesen Zustand charakterisiert. Ein gleichzeitiges Voranstürmen und Zurückweichen erzeugt diese hochmotivierte Blockade.

Leibhaftig steht mir der Augenblick vor Augen, als ich vor dem ersten Tauchgang von einem hohen Bootssteg ins Wasser springen sollte. Das unvergessliche Erlebnis des Tauchens hätte fast nicht stattgefunden, da ich ernsthaft erwog, das Projekt aufzugeben, bis ich alle Bedenken beiseite schob und einfach den Schritt vorwärts tat. Vor dem sprichwörtlichen Sprung ins kalte Wasser wird die Zeit ewig; die Tiefe, die sich vor einem auftut, mutet bedrohlich abgründig an. Wer sich dies vergegenwärtigt, hält wie gelähmt inne und tendiert dazu, den Rückweg anzutreten. Um sich nicht vor imaginierten oder real anwesenden Zeugen, z. B. den die

---

[68] Vogl, Joseph: Über das Zaudern. A. a. O., S. 23

Szenerie beobachtenden Klassenkameraden, zu blamieren und als feige dazustehen, gibt man seinem Herzen einen Stoß und stürzt sich hinab. In diesen zerdehnten Sekunden steht man zwischen Baum und Borke: soll es vor- oder zurückgehen? Wankelmut ist darin besonders zugespitzt.

Früher waren noch häufiger Paternoster in Betrieb, sogenannte Personen-Umlaufaufzüge, die offen waren und in die man bei laufendem Betrieb einstieg. Wenn man damit noch unerfahren war, erlebte man das Betreten der Kabine als einen riskanten Sprung, in Furcht, den geeigneten Moment zu verpassen und möglicherweise zu Fall zu kommen. Ähnliches konnte man bei den Londoner Routemaster-Bussen erleben, bei denen man auch zwischen den offiziellen Haltestellen im Hop-On/Hop-off-Verfahren auf- oder abspringen konnte. Wenn man diesen Übergang routiniert handhaben gelernt hat, hat er seine aufregende Qualität verloren.

Wie im Märchen *Frau Holle*[69] erzählt, in dem die Goldmarie von der Stiefmutter gezwungen wird, in den Brunnen zu springen, ist dieser Moment zunächst ob der Ungewissheit, ob es gutgehen möge, mit Angst verbunden. Angst markiert das Überschreiten von (Dreh)-Grenzen. Man wagt sich in ein Terrain, das man bisher aus seinem Leben ausgeschlossen hat. Der gähnende Abgrund symbolisiert eine rasante Verwandlung, die entweder Tod oder Lebendigkeit bringen kann. Freuds Eros und Thanatos fallen in diesem Augenblick zusammen. Das Risiko zu scheitern und alles,

---

[69] Brüder Grimm. Frau Holle. KHM 24. In: Kinder- und Hausmärchen. A. a. O. I. Bd., S. 191-195

auch das Leben, zu verlieren, wird auf eindringliche Weise gegenwärtig. Im Dreh-Schwindel scheint die intensivierende Erregung dieses Übergangs auf. Diese haarscharfe Grenze übt eine sogartige Anziehung aus. Angst ist dabei mit Lust gepaart, was Bungee Jumping und andere waghalsige Sprünge als Erlebnisse mit besonderem Kick für manche attraktiv macht.

Edgar Allan Poe hat diese innere Zerrissenheit der Angstlust in ihrer unheimlichen Qualität beschrieben: „Wir stehen am Rande eines Abgrundes. Wir spähen hinab in den Schlund – es wird uns schlimm und schwindlig. Unser erster Antrieb ist zurückzuweichen vor der Gefahr. Doch unerklärlicherweise bleiben wir. Ganz langsam gehen Übelkeit und Schwindel und Schauder in einem Gewolk von unbenennbarem Fühlen auf. Stufenweis`, doch gar unmerklicher noch, nimmt dieses Gewolk Gestalt an, wie´s der Dunstrauch bei der Flasche tat, aus welcher sich der Geist in den „Arabischen Nächten" erhob. Doch aus dieser *unserer* Wolke an des Abgrunds Rand erwächst, zum Greifen deutlich bald, eine Gestalt, weit schrecklicher denn jeder Dämon oder gute Geist in einem Märchen, und dennoch ist´s nur ein Gedanke, wennschon ein fürchterlicher, dessen Horror in uns so wildes Entzücken weckt, dass wir ins Mark unserer Knochen hinein erschaudern. Es ist bloß die Vorstellung, was wir beim rasend jähen Sturz aus solcher Höhe wohl empfinden würden. Und dieser Sturz ins Nichts, in das Vernichtetsein – aus ebendem Grunde, dass er das eine allergrässlichste und – widerwärtigste von all den grässlichen und widerwärtigen Bildern des Todes und des Leidens in sich beschließt, die je vor unserer Einbildung aufgestiegen sind – aus ebendieser einen Ursache verlangt es uns nun umso heftiger danach. Und *weil* uns unsere Vernunft mit aller Macht von der Kante zurückreißen will, *darum* grad zieht es uns nur umso ungestümer zu ihr hin"[70].

In Poes Darstellung des widersprüchlichen Erlebens eines Menschen, der damit kämpft, seinem Leben durch einen Sprung in die Tiefe ein Ende zu machen, wird in Zuspitzung sichtbar, was einen Sprung psychisch als solchen kennzeichnet. In dieser Beschreibung geht die gesteigerte Darstellung dessen, was im Grunde in jedem Entscheidungsmoment enthalten ist, unter die Haut. Im Sprung werden sichere Gefilde verlassen, und es wird Neuland betreten. Netz und doppelter Boden existieren nur scheinbar. Der Ausgang jeglicher Aktion ist letztlich ungewiss. Zu jeder Handlung gehört Unwägbares, denn man kann nicht im Voraus genau wissen, wie der Prozess im Einzelnen ablaufen und zu welchem Ergebnis er schließlich führen wird. Selbst routinierte Abläufe garantieren nicht, dass es auch dieses Mal wieder wie unzählige Male vorher vonstattengehen wird. Im Hochleistungssport muss man mit Schwankungen in der Tagesform und in der maschinellen Produktion mit Murphys Gesetz rechnen – was schiefgehen kann, geht schief. Dies macht auch den Kitzel bei vermeintlich sicheren Fallschirmsprüngen und anderen beschleunigten Fallerlebnissen aus.

---

[70] Poe, Edgar Allen (1845): Der Alb der Perversheit. In: E. A. Poe in 10 Bänden. Bd. 4, Olten 1966, S. 833-834

Es gibt keine Garantie

Man weiß von Einzelfällen, in denen es schiefgegangen ist, obwohl angeblich alle Sicherheitsvorkehrungen peinlich genau beachtet worden seien. Diese Bilder hält man sich in seiner Angst vor Augen. Auch wenn die Anzahl von Unfällen und Todesfällen relativ gesehen nicht hoch ist, spenden Wahrscheinlichkeitsrechnungen keinen Trost. Auch Flugangst kann durch den Hinweis auf Statistiken, ohne Bearbeitung der unbewussten Fantasien, nicht dauerhaft erfolgreich bekämpft werden. Man sieht sich als grausige Ausnahme, die die Regel bestätigt, und malt sich düsterste Szenarien im Detail aus. In diesen Augenblicken ist eindringlich präsent, dass es im Leben keine umfassende Gewähr geben kann. Wie vermessen es ist, 100%ige Sicherheit zu versprechen, führte im Jahr 2011 das Kernkraftwerk Fukushima vor Augen.

Im Seelischen ist alles störungsanfällig. Vor allem in Liebesbindungen und in der Sexualität erfahren wir, wie Kleinigkeiten alles zum Kippen bringen können. Will man ein intensives Erlebnis wiederholen, eine romantische Stimmung an einem besonderen Ort noch einmal erzeugen, erfährt man, dass es nicht möglich ist, identische Erlebnisse per Knopfdruck aufzurufen. Jeder Augenblick ist einzigartig und so vielen Einflüssen unterworfen, dass ein programmiertes Klonen von Erlebnissen (glücklicherweise!) gar nicht funktionieren kann. Das fundamentale Wagnis des Lebens machen wir uns allerdings selten bewusst. Nur in existentiellen Momenten, in denen diese Verhältnisse in dramatischer Weise erfahrbar werden, nehmen wir wahr, wie fragil das Dasein grundsätzlich ist.

Fünf vor Zwölf

Zahlreiche Komödien unterhalten die Zuschauer damit, dass sie das Hinausschieben des Sprungs in den sogenannten Stand der Ehe pointenreich ausmalen. Bräute und Junggesellen, die sich nicht trauen, geben Stoff zum Schmunzeln und greifen die Erfahrung auf, dass man selbst noch kurz vor dem feierlichen Akt kalte Füße bekommen kann. Gar nicht so selten werden Hochzeiten in allerletzter Minute abgeblasen. Erzählungen, die ein Untreuwerden kurz vor der Trauung oder unmittelbar danach schildern, greifen Ängste auf, seine Freiheit dauerhaft einzubüßen, die man durch solch einen Befreiungsschlag vergeblich zu beruhigen sucht. Ähnlich wird manchmal die Flucht ergriffen, wenn ein Kind unterwegs ist. Auf Festlegungen wird von einigen Menschen panisch reagiert. Fast zeitgleich wird eine andere Frau geschwängert, oder eine werdende Mutter löst die Verbindung noch in der Schwangerschaft oder kurz nach der Geburt. Auch wenn die Lebensumstände jeweils unterschiedlich sind, liegt manches Mal diesen teilweise überstürzten Handlungen große Furcht, sich wirklich zu binden, zugrunde.

Bräuche wie Junggesellen- oder Polterabende bieten einen Rahmen, den einschneidenden Schritt abzufedern und in den neuen Lebensabschnitt überzuleiten, indem das ledige Leben feucht-fröhlich verabschiedet wird, auch wenn es dabei nicht derart turbulent zugeht wie im Film *Hangover* (Todd Phillips, USA 2009). Bedenken, ob der Schritt der richtige ist, verschonen kaum ein noch so glückliches Liebespaar. Die in Witzen karikierten Fehlleistungen am Tag der Hochzeit, vergessene Eheringe oder Brautsträuße, ruinierte Hochzeitskleidung, Verletzungen am Ringfinger usw. drücken die Ambivalenz aus, die diese in früheren Zeiten noch in der Regel lebenslängliche Entscheidung begleitet.

Manche Paare sind über diese zwiespältigen Gefühle sehr erschrocken und deuten sie als Warnsignal. Sie verstehen nicht, wie sich in die große Freude Zweifel mischen können. Entgegen der Befürchtung, ihre Liebe sei doch nicht so groß oder der Partner doch nicht der Richtige, gehört ein gewisses Maß an Wankelmut zu solch entscheidenden Momenten dazu. Erst wenn diese bohrenden Fragen überhandnehmen, sollte man genauer hinsehen, was einen zu diesem Schritt bewogen hat und ggf. noch einmal in sich hineinhorchen, ob man lieber davon Abstand nehmen sollte. Ein vorübergehendes Hin- und Hergerissensein angesichts lebensentscheidender Ereignisse ist zu erwarten und muss nicht Grund zu großer Sorge geben, die alles wieder komplett in Frage stellt. Wenn man sein Wort gibt und Verträge schließt, verpflichtet man sich, die Folgen zu tragen. Ein Verharren zwischen allen Stühlen hat damit erstmal ein Ende.

Inkonsequenz

Im Märchen *Rumpelstilzchen* erklärt sich die Müllerstochter damit einverstanden, dem Männchen ihr erstes Kind im Tausch für die hilfreiche Unterstützung zu geben, als sie keinen Schmuck mehr hat, den sie ihm überlassen könnte. Sie täuscht sich darüber hinweg, was dies letztlich bedeutet, und sagt sich: „Wer weiß, wie das noch geht", auf ein Schlupfloch aus dem Vertrag vertrauend. Sie gibt dem

Rumpelstilzchen zwar, was es als Lohn für seine Dienste fordert, doch sucht sie nach einem Weg, ihr Versprechen nicht einlösen zu müssen. Für sie soll die Regel nicht gelten: Wer A sagt, muss auch B sagen. In der Inkonsequenz erscheinen Vertragsbrüche dann durchaus als legitime Mittel, um das Unfestgelegte nicht aufgeben zu müssen.

Diesem Zug entspricht auf Seiten des seltsamen Männchens, dass es, wie bereits angeführt, nicht gepackt werden mag, indem es seinen Namen verbirgt. Sobald er bei seinem Namen gerufen wird, ist das Versteckspiel aus. Wer gerne alles im Unkonkreten, im Vorgestaltlichen belässt, scheut es, erkannt und beim Wort genommen zu werden. Das Festgelegtwerden flieht er wie der Teufel das Weihwasser. Verträge, wie u. a. auch das Eheversprechen, aktivieren Tendenzen, doch lieber alles noch im Unschärfebereich ohne handfeste Konsequenzen zu belassen.

Kitzel

Wer dauerhaft eine Schwebesituation aufrechtzuerhalten sucht, kostet diesen Kitzel des Übergangs in exzessiver Weise aus. Poe spricht im Weiteren von einer „Leidenschaft", die ein Mensch schaudernd am Rande des Abgrunds empfindet. Die widerstrebenden Kräfte zerren und erzeugen dadurch eine besonders spannungsvolle Intensivierung des Erlebens. Je näher es kurz davor steht, umso größer ist die Aufregung, was Kinder, die ihrem Geburtstag oder Weihnachten entgegenfiebern, vor Augen führen können. Sie zählen die Tage und Stunden und beginnen manchmal sogar unmittelbar am

Tag nach dem Geburtstag, das nächste Geburtstagsfest detailliert zu planen.

Auch Krimis und Horrorfilme erzeugen Suspense, indem sie die Erwartung einer erregenden und beängstigenden Situation bis ins Maximum auskosten. Je länger das dramatische Ereignis auf sich warten lässt, umso stärker sind die Nerven wie Drahtseile gespannt. Hitchcock dehnte diesen Zeitpunkt durch die ausgiebige Schilderung von Alltagssituationen, die gar nichts Bedrohliches erkennen lassen, besonders lange aus. Bis ein Schwarm Vögel[71] im gleichnamigen Film angreift, sind bereits 50 Minuten vergangen. Lediglich die vereinzelte Attacke einer Möwe, als Melanie Daniels (Tippi Hedren) im Boot nach Bodega Bay unterwegs ist, deutet die furchterregende Entwicklung bereits in der 15. Minute an. Viele Details lassen Unheilvolles ahnen und verwickeln durch ausgedehnte Einblicke in zwischenmenschliche Spannungen zunehmend in eine Seelendramatik, die unaufhaltsam auf einen Höhepunkt zusteuert.

Roulette – Rien ne va plus!

Auch das Glücksspiel zeichnet sich durch einen eigenen intensiven Kick aus. Das Roulette-Spiel[72] z. B. bezieht seine

---

[71] Alfred Hitchcock: Die Vögel, USA 1963
S. a. das 50-stündige Interview: Truffaut, François: Mr. Hitchcock, wie haben Sie das gemacht? München 1973
[72] Bartholomäi-Post, Doris: Psychologische Untersuchung über das Verhältnis von Roulettespiel und Alltag. Unveröffentl. Diplomarbeit Köln 1987

Anziehungskraft u. a. aus dem Nebeneinander von Schwebe, in der noch alles offen ist, und der beschleunigten Entscheidung über Glück oder Pech. Wenn es heißt: „Rien ne va plus", muss gesetzt sein. Mit Fristen und Deadlines wird oft auch im Geschäfts- und Handelsleben operiert, um eine Entscheidung zu forcieren. Torschlusspanik wird als Verkaufsstrategie hervorgerufen, um einem Steckenbleiben im Erwägen, ob oder ob doch nicht gekauft werden soll, entgegenzuwirken. Tickende Count-Down-Uhren und der Versteigerungshammer markieren den Augenblick kurz vor einem endgültigen Limit und suchen dadurch eine Handlung anzustoßen.

Während die Kugel beim Roulette rollt, kann man sich noch als potenziellen Mega-Gewinner wähnen. Alles ist solange noch möglich! Diese Omnipotenz ist ebenso reizvoll wie die klare Setzung. Sobald die Kugel fest platziert ist, ist das Spiel aus. An dieser Festlegung ist nicht herumzudeuteln. Es nützt nichts, wenn man mit seinem Tipp haarscharf daneben lag. Die Lage ist eindeutig und nicht zu bezweifeln. Man hat verloren oder gewonnen. Dazwischen gibt es nichts. Während sich im Alltagsleben selten unzweifelhaft ausmachen lässt, ob man als Loser oder Winner dasteht, schafft das Glücksspiel eine klare Trennung zwischen Plus und Minus, an der sich nicht herumdeuteln lässt. Anschaulich wird dies auch an der Anzahl sich anhäufender Chips, die unübersehbar machen, ob man auf der Siegerstraße ist oder nicht.

Achterbahn

Im beschleunigten Wechsel werden beim Glücksspiel diese gegenläufigen Züge aktiviert: Schwebe – Festlegung – Schwebe... Eine Berg- und Talfahrt der Gefühle wird angekurbelt, indem der Zeitraum bis zur Festlegung dramatisch verkürzt wird. Der Croupier signalisiert mit seinem Aufruf: Handle jetzt! – und eröffnet unmittelbar danach einen neuen Handlungsspielraum, in dem alles erneut möglich erscheint. Dies vollzieht sich im immer wiederkehrenden monotonen Rhythmus. Bei jedem neuen Setzen kann sich das Los wenden.

Auch wenn man beim reinen Glücksspiel, bei dem Geschicklichkeit keine Rolle spielt, die Entscheidungshoheit an den Zufall abgibt, spielt die insgeheime Überzeugung, doch Herr über sein Schicksal zu sein, eine nicht unmaßgebliche Rolle. Abergläubische Beschwörungsrituale sollen die Kugel nach den eigenen Wünschen lenken. Ein Talisman, die Wahl eines verheißungsvollen Tages oder einer besonders günstigen Stunde, glücksbringende Begleiter und andere Hilfsmittel sollen Einfluss nehmen, obwohl man seine Eingriffsmöglichkeiten preisgegeben hat, indem man sich dem Zufallsgenerator überließ. In seinen Fantasien wähnt man sich als Glückspilz von Fortuna begünstigt bzw. glaubt einen besonderen Zugang zu Eingebungen oder fast übersinnliche Fähigkeiten zu haben, die quasi einflüstern, welche Zahl nun unbedingt fallen wird. Es gelte nur, diesen Visionen blind zu folgen; wenn es dann doch schiefgeht, hat man eben nicht genug auf sein Bauchgefühl gehört, es haben sich irgendwelche externen Störfaktoren ausgewirkt.

Ausgetüftelte Strategien und mathematische Systeme auf der Basis von Wahrscheinlichkeitsrechnung versuchen, diesen magischen Aberglauben zu rationalisieren. In der Kontrollillusion, die jede Sucht mitdeterminiert, ist man überzeugt, doch seine Hände im Spiel zu haben und das Geschehen zu dominieren. Selbst der Macht der Schicksalsgöttinnen meint man überlegen zu sein.

Der Suchtfaktor

Diese Selbstüberschätzung ist ein wichtiger irrationaler Zug, der besonders anfällig für Spielsucht macht. Er knüpft an kindliche Allmachtsfantasien[73] an, in denen man sich als Nabel der Welt fühlt. Bei Glückssträhnen ist man regelrecht überwältigt und sieht sich in der geheimen Annahme, über magische Kräfte zu verfügen, bestätigt. Dies macht geneigt, das Glück weiter herauszufordern, um diesen Nachweis außergewöhnlicher Fähigkeiten immer wieder zu untermauern. Diese sich zu unguter Letzt verheerend auswirkende Selbstzuschreibung treibt dazu an, weiterzumachen und befeuert den Rausch. In seiner Vermessenheit mag man nicht sehen, dass Zufall und nicht das eigene Bewirken den Gewinn bedingt hat. Man fühlt sich unendlich potent.

Eigentümlicherweise sucht man dabei aber zugleich auch die heilsame Grenz-Erfahrung und setzt das Spiel so lange fort, bis das Gewonnene wieder zerronnen ist. Statt jedoch

---

[73] Zur Bedeutung kindlicher Allmachtsfiktion beim Glücksspiel s. Bergler, Edmund: Zur Psychologie des Hasardspielers. In: Imago. Zt. f. Psa. Bd. 6, Wien 1936, S. 409-441

durch diese leidvolle Erfahrung endlich zu begreifen, dass es mit der Allmacht nicht weit her ist, hofft man erneut auf Zeichen des Himmels, dass man ein Glückskind sei. Dies führt dazu, dass man, sobald man wieder liquide ist, erneut am Spieltisch sitzt.

„Schuldloses" Agieren

Das Vertrackte beim Glücksspiel ist, dass es zugleich die Möglichkeit bietet, sich als Opfer des Zufalls von Schuld freizusprechen. Man agiert zweiseitig: Einerseits wähnt man sich, wie beschrieben, als Herr seines Schicksals, andererseits unterwirft man sich einer göttlichen undurchschaubaren und nicht zu lenkenden Macht, die einen der Eigenverantwortung enthebt. Im Bild der fallenden Würfel (alea), das bei antiken Orakelbefragungen einen göttlichen Ratschluss anzeigte, kommt dieser Zug zutage. Fremde Mächte sollen entscheiden.

Erst im Zusammenspiel von Allmachtsglaube und Unterwerfung unter den Zufall entwickelt sich eine Sucht. Dieser psychische Kurzschluss zwischen Macht und Ohnmacht erzeugt die besondere Erregung, die den Drang nach immerwährender Wiederholung anfüttert. Hab ich es im Griff oder hat „es" mich? Im Seelischen gibt es kaum etwas Ekstatischeres als dieses in Extremen erfahrene paradoxe Verhältnis.

Im Kampf gegen den Sog des Spiels bildet sich dieses verwickelte Hin und Her ebenfalls ab, wenn es darum geht, das Spielen selbst im Griff zu behalten. Wie bei der Alkohol-

oder Esssucht macht man sich dabei regelmäßig vor, jederzeit aufhören zu können. Eingelegte Abstinenzphasen von meist nur kurzer Dauer sollen sich und anderen beweisen, dass man dem „Dämon" noch nicht hilflos mit Haut und Haar verfallen ist.

Man wird zum Gefangenen dieser Dynamik und kann der Faszination, Ohnmacht in Macht und Macht in Ohnmacht zu wenden, um sich jeglicher Schuldhaftigkeit zu entledigen, kaum mehr widerstehen. Ein Unterfangen, das in sich nie zum Abschluss kommt und deshalb häufig erst zu stoppen ist, wenn man endgültig keinen Einsatz mehr bieten kann. Als krankhaft Süchtiger sucht man mittels Generalabsolution nichts für das Unheil zu können, das man erzeugt.

Gewinn und Verlust treten in diesem sich verselbständigenden Prozess zunehmend zurück. Sie nivellieren sich zu etwas Gleich-Gültigem. Während die Spannung beim Rollen der Kugel ins Unermessliche steigen kann, sodass manche gar nicht hinsehen mögen, wird von Glücksspielern beschrieben, wie sie nach dieser aufwühlenden Phase weder übermäßige Freude noch einen schlimmen Schmerz empfinden, sondern sich die Spannung in einem als „neutral" charakterisierten Gefühl auflöst. Gedanklich ist man dabei schon mit dem nächsten Spiel beschäftigt. Meist bleibt am Ende dieses seelisch aufreibenden Prozesses eine erschöpfte Leere mit schalem Geschmack zurück. Wenn man dann am Ende böse erwacht und wahrnimmt, dass alles scheinbar „plötzlich" verspielt worden ist, macht sich Katerstimmung breit, die mit möglichst baldigem Wiedereinstieg ins Spiel zu bekämpfen gesucht wird. Ein Teufelskreis.

Eine Leidenschaft, die Leiden schafft

Der Anreiz des spielend leicht „verdienten" Geldes symbolisiert eine exponentielle Fülle an Verwandlungsmöglichkeiten, die dafür einzulösen wären. Was könnte man sich alles mit dem Lotto- oder Roulettegewinn gönnen? Tagträumereien lassen die Verwirklichung von großen Wünschen zum Greifen nah erscheinen. Mühelos, scheinbar ohne „Arbeit" und Schweiß, wie es uns das alltägliche Leben sonst abverlangt, soll alles zur Verfügung stehen. Die Verheißung, auf einen Schlag, mit minimalem Aufwand, über den großen Entwicklungskreis zu verfügen, ist allerdings mit einem hohen seelischen Preis verbunden[74]. Man gibt dadurch das freie Spiel seelischer Regulation auf und unterwirft sich dem Diktat des Zwangs, der besessen alles verzehren kann. Der Entwicklungskreis vergrößert sich nicht, sondern wird im Gegenteil ganz eng.

Wie alles beim Roulette auf dem Spiel stehen und sich dieses Alles in ein Nichts verkehren kann, beschreibt Dostojewskis Roman *Der Spieler*[75] eindringlich. Wer spielsüchtig ist, droht Haus und Hof, Familie und Freunde zu verlieren. In E.T.A. Hoffmanns Novelle *Spielerglück*[76] setzt der Spieler

---

[74] Salber, Wilhelm: Haben Drogen eine Seele? In: Materialband zur Ausstellung des Rautenstrauch-Joest-Museums für Völkerkunde der Stadt Köln 1981, 1246-1255; auch in: Völger, G. (Hg.): Rausch und Realität, Bd.2, Hamburg Reinbek 1981, 710-714
[75] Dostojewksi, Fjodor M.: Der Spieler (1867). In: Späte Romane und Novellen. München 1965, S. 7-217
[76] Hoffmann, Ernst Theodor Amadeus: Spielerglück (1821). In: Poetische Werke in sechs Bänden, Band 4, Berlin 1963, S. 255-295

sogar das Leben der Ehefrau ein. Diese unglückselige Spirale wird auch durch ein unbewusstes Strafbedürfnis angetrieben. Man hört nicht eher auf, als bis man sein Lebensglück zunichtegerichtet hat. Zwischenzeitliche Gewinne werden augenblicklich wieder eingesetzt, um Glückssträhnen in einen Ruin zu wenden. Das bedingungslose Entweder-Oder eines derartigen Vabanquespiels zielt letztlich dann tatsächlich auf ein „Rien ne va plus" ab. Ein Endpunkt ist erst gesetzt, wenn man sich jeglicher Mittel selbst beraubt hat. Was hochdramatisch wirkt, offenbart eine simple innere Logik. In end-loser mechanischer Wiederholung betreibt man diese selbstzerstörerische Mechanik. Schuld, Strafe und deklarierte Unschuld sind unlösbar miteinander verlötet.

Rausch

Der rauschhafte, tranceartige Zustand, in den man hineingezogen werden kann, liegt in dieser unlösbaren Spannung begründet. Das ganze Leben wird auf einen Punkt gebracht – Hopp oder Top. Lazarus[77] spricht davon, dass dieses Oder „eine gewaltige psychologische Kraft" sei, „ein unwi-

---

[77] Lazarus, Moritz: Über die Reize des Spiels. Berlin 1883, S. 59 und S. 76, zitiert nach Bartholomäi-Post, Doris: Psychologische Untersuchung über das Verhältnis von Roulettespiel und Alltag. A. a. O., S. 12
Auch Buytendijk hat diesen komplexen „abgründigen" Zusammenhang einer verzehrenden Leidenschaft in einigen Grundzügen skizziert. Beuytendijk, Frederik Jacobus Johannes: Das Menschliche: Weg zu seinem Verständnis. Stuttgart 1958, S. 208-229, s. a. derselbe: Wesen und Sinn des Spiels. Berlin 1933

derstehlich anziehender Magnet", der „endlos wechselnde Zustände" hervorbringe. Die angst-lustvolle Erregung wird zum Selbstzweck und koppelt sich vom Alltag ab. Man verliert den Bezug zu relativierenden Maßen der Wirklichkeit. In kindlicher Zeigelust leben Größenfantasien, wie unwiderstehlich toll man sei, die sich ungern an der Realität messen und erproben lassen. Wie Bartholomäi-Post herausstellt[78], werden in dieser besonderen Verfassung Grenzen des Alltags überschritten, seelische Verhältnisse verschärft. In einem euphorisch-manischen Prozess tritt eine zunehmende Enthemmung und Beschleunigung auf.

Selbstbetrug

Hütchenspieler nutzen in raffinierter Weise diese seelischen Zusammenhänge aus. Sie arbeiten nicht nur mit eingeweihten vorgeblichen Pechvögeln, die vor den Augen eines neugierig gewordenen potenziellen Opfers ständig danebentippen, obwohl so offen-sichtlich scheint, unter welchem Hut sich die aufzuspürende Karte befindet. Kaum wähnt man sich bei dieser kinderleichten Aufgabe überlegen, hängt man schon an der Angel. Sich selbst überschätzend, ist man davon überzeugt, dass man so clever sei, dass man das vorgeblich undurchsichtige Spiel vollkommen durchschaue.

Sobald man allerdings mitmacht, kommt das wahre betrügerische Taschenspielergeschick in einem plötzlich deut-

---

[78] Bartholomäi-Post, Doris: Psychologische Untersuchung über das Verhältnis von Roulettespiel und Alltag. A. a. O., S. 31ff.

lich angezogenen Tempo agierender Hände zum Einsatz. Alles geht so schnell vor sich, dass der Blick nicht folgen kann. Die Bedingungen des Spiels haben sich dabei so verändert, dass ein Gewinn für den ahnungslosen Spieler praktisch ausgeschlossen ist. Dabei wird ein anderer seelischer Mechanismus geschickt aktiviert, indem nach einem bereuten Fehlgriff dazu ermuntert wird, den Einsatz zu verdoppeln, um den Verlust gleich wieder wettzumachen. Im Ärger über das Danebengreifen macht man sich Vorwürfe, so leichtfertig gehandelt zu haben, und möchte dieses riskante Vorgehen sogleich wieder ungeschehen machen – paradoxerweise dadurch, dass man noch mehr riskiert.

Dies kann eine Verlustpotenzierung in Gang bringen, der man sich nur gewaltsam wieder entreißen kann, wenn man sich gnadenlos vergegenwärtigt, wie viel man dabei schon verloren hat. Den doppelten Gewinn vor Augen neigt man dazu, das trickreiche Gebaren nicht zu realisieren und sich über die Höhe des bisherigen verspielten Einsatzes nicht wirklich im Klaren zu sein.

Auch an der Börse funktioniert diese Selbsttäuschung, die davor zurückschrecken lässt, bei fallenden Kursen zu verkaufen. Lieber glaubt man weiterhin an bevorstehende aufsteigende Tendenzen, als sich ernüchtert eingestehen zu müssen, dass man nicht als Gewinner aus der Spekulation hervorgegangen ist. Aus einem vermeintlichen Blue Chip, einer umsatzstarken Aktie mit hohem Börsenwert, hat sich ein Penny-Stock mit weniger als einem Euro Wert entwickelt, und schließlich hält man gar Papiere, die gar nichts mehr einbringen. Per Stop-Loss-Order soll diese Selbsttäuschungsneigung überlistet werden, was in Wirtschaftskrisen in der Häufung zu dramatisch fallenden Kursen führt, weil der Verkauf von Wertpapieren automatisch, ohne Prüfung der jeweils gegebenen Situation, initiiert wird. Manch einer verkauft dabei zu einem nur sehr kurzzeitig gegebenen Tiefststand mit hohem Verlust.

Grenzenlos

Der Glücksspielcharakter des Finanzmarktes ist von vielen Journalisten und Autoren in der letzten Zeit kritisch beleuchtet worden. Digitale Medien und die millisekundenschnelle Übertragung von großen Datenmengen haben zu einer ungeheuren Beschleunigung von Börsenvorgängen geführt. Das Geschehen gerät dabei aus den Fugen. Vogl führt in seiner fundierten Analyse der Geschichte des Finanzwesens vor Augen, wie ausgerechnet die Illusion, die Vorgänge beherrschen zu können, und die Hypothese, diese folgten rationalen Gesetzen, dem Zufall in seiner archaischen, wilden, irregulären und gestaltlosen Form Bahn gebrochen hat. Der (Irr)Glaube an rationale Regulierungen mit nachvollziehbaren normalverteilten Wahrscheinlichkeiten hat das Irrationale auf den Plan gerufen und sogar erst in dieser Unbändigkeit produziert. „Sicherheitsautomatismen haben Gefahrenblindheit erzeugt"[79], „Ungewissheit ... fällt Entscheidungen, die in ihrer Ungebundenheit, in ihrer Gesetzlosigkeit schicksalhaft werden."[80]

---

[79] Vogl, Joseph: Das Gespenst des Kapitals (2010). Zürich-Berlin ²2011, S. 177
[80] Ebenda, S. 178

Wie an anderer Stelle eingehender ausgeführt[81], bedingen ein ausgeprägter Kontrollzwang und die Illusion, Herr im eigenen Hause zu sein, genau das Gegenteil, nämlich dass die Dinge aus dem Ruder laufen und sich einer Kontrolle entziehen. Psychische Prozesse, die sich auf diese Weise hochschaukeln, rufen wiederum geradezu nach einer Begrenzung, die allerdings paradoxerweise gerade zum Problem werden kann. Auferlegte Begrenzungen fordern nämlich das trickreiche Überschreiten dieser Markierungen heraus. Nicht nur die Entstehung von Kriminalität und ein Agieren im Untergrund zeugen von diesem Wirkungszusammenhang.

Wenn Glücksspieler Schmerzgrenzen zu definieren suchen und Spielcasinos Limits setzen, suchen sie die Gefahr des Maßlosen zu bannen, die in diesem raschen Umsatz mit rauschhafter Qualität gegeben ist. Spieler sagen sich, bis hierhin und nicht weiter! und verordnen sich einen kalkulierten Einsatz. Disziplinierung und Systemspiel sollen der sogartigen Faszination widerstehen helfen. Mit derartigen Vorgaben im Rücken fühlen sich Spieler gewappnet, mit Risiken vernünftig umgehen und Versuchungen widerstehen zu können.

Die selbstgesetzten Grenzen wiegen allerdings häufig in der Scheinsicherheit, dass man sich beherrschen werde. Erfahrungsgemäß werden diese Schwellen von Süchtigen gekonnt umgangen und befördern sogar ein hemmungsloses Vorgehen. Je mehr man sich eine Übertretung der Schwelle übel nimmt, umso stärker wirken unbewusste Selbstbestrafungstendenzen, die nicht eher Ruhe geben, bis nichts mehr

---

[81] Becker, Gloria: Kontrolle und Macht. A. a. O.

geht. Auch erfolglose Diäten funktionieren nach diesem Schema. Umso ungnädiger man mit sich umgeht, wenn man mal sündigt, umso mächtiger ist der unbewusste Wunsch, dafür zu sühnen. Die Behandlung von Spielsucht und anderen Suchtformen kann deshalb nur fruchten, wenn diese unheilvolle Verkettung von Allmacht/Ohnmacht, Schuldgefühl und Selbstbestrafung bewusst gemacht und außer Kraft gesetzt wird.

Lampenfieber

Eine andere Verfassung besonderer Intensität ist vor allem Menschen vertraut, die sich regelmäßig einem Publikum stellen. Auf der Bühne setzt man sich vor aller Augen dem Unwägbaren aus. Auch wenn die Rahmenbedingungen sicher gestaltet sind und man ausgiebig für die Darbietung geübt hat, um eine gewisse Souveränität des Spiels zu erzielen, kann man nicht gewiss sein, dass alles wunschgemäß verläuft. Die Tagesform, unerwartete Störungen und Ablenkungen, technische Pannen, Wetterkapriolen, Verkehrsstaus und andere Unvorhersehbarkeiten können den empfindlichen Ablauf durcheinanderbringen. Niemand kann eindeutig wissen, wie sich alles im Einzelnen abspielen wird, auch wenn er der maßgebliche Protagonist der Aktion ist. Diese Ungewissheit, in der spürbar wird, dass sich nicht alles bis ins Letzte durchkalkulieren und kontrollieren lässt, erzeugt eine diffuse Beunruhigung.

Aber auch vor Prüfungssituationen und Bewerbungsgesprächen hat sicher fast jeder schon die zuweilen auch qualvolle Erfahrung gemacht, die als Lampenfieber beschrieben wird. In eine anregende Vorfreude mischen sich unliebsame Empfindungen. Vor jeglicher Form von derartigen „Auftritten", bei denen man sich exponiert, tritt regelmäßig ein Zustand fiebriger Anspannung auf, in dem man durch eine erhöhte Adrenalinausschüttung in eine Verfassung versetzt wird, die zu Höchstleistungen befähigt[82]. Kribbeln im Bauch, Herzklopfen, eine Unruhe im Magen-Darm-Bereich, Schwitzen, trockener Mund und weiche Knie, die mit dieser Einstimmung in milderer oder ausgeprägter Form einhergehen, machen den Menschen jedoch auch zu schaffen. In diesen Augenblicken meint man, alles vergessen zu haben, was man vorbereitet und eingehend einstudiert hat.

Wenn man mehrmals durch diese kleine Hölle gegangen ist, beginnt man darauf zu vertrauen, dass im entscheidenden Moment doch alles verfügbar sein wird, was vorher wie ausradiert scheint. Eigentümlicherweise geht einer besonders guten Prüfung mit hell-wacher Präsenz oder einer herausragenden Performance ohne Gedächtnislücken eine Seelenlage voraus, in der sich absolute Leere im Kopf breitmacht. Man lernt dann, diese zunächst tief erschreckende Wahrnehmung als gutes Anzeichen wertzuschätzen und nicht mehr so sehr zu fürchten. Je weniger Details kurz vorher gegenwärtig sind, umso besser ist man auf eine hochkonzentrierte Leistung eingestellt. Beginnt man, sich mit dieser unvermeidlichen Nebenwirkung zu arrangieren, stirbt man nicht mehr tausend Tode vor lauter Nervosität, sondern findet sich mit

---

[82] Häcker, Norbert: Psychologische Analyse des Lampenfiebers bei Rockmusikern. Unveröffentl. Diplomarbeit. Köln 1987

dem Lampenfieber einigermaßen ab. Es erscheint schließlich gar nicht mehr sinnvoll, sich verkrampft zu bemühen, diese leidige Vorphase abzuschneiden und durch Ablenkungsmanöver zu übertünchen, sondern man nimmt sie als notwendiges Übel hin.

Bis zu einem gewissen Ausmaß wirkt sich die beschriebene Symptomatik nicht beeinträchtigend auf das Leistungsvermögen aus, sondern elektrisiert im Gegenteil sogar, indem sie die Energie bündelt, eine Konzentration aller Kräfte bewirkt und dafür sorgt, dass das, was abgerufen werden soll, frei schwebend bereitsteht.

Problematisch erscheint dies erst, wenn Ausmaß und Dauer des erregten Zustands übermäßig werden und sogar verhindern, was sie einleiten sollen, nämlich einen Zugriff auf latent verfügbares „Wissen". Damit sind auch internalisierte Abläufe körperlicher Vollzüge gemeint, die im Sport, beim Musizieren und bei anderen Arten des Vortrags von Bedeutung sind. In einem Übermaß entwickelt sich die geschilderte Einstimmung in diesem Fall zu einem kontraproduktiven Handicap. Blackouts auch motorischer Art, bei denen tausendmal geübte Bewegungsabläufe nicht mehr fehlerlos reproduziert werden können, entstehen dadurch, dass sich das Bewusstsein, das viel langsamer arbeitet, in die automatisierten Bewegungsmuster einschaltet. Durch Analyse wird man regelrecht paralysiert. Indem der Akteur sich nur noch mit sich selbst und seinem möglichen Versagen beschäftigt, stellt er das Unvermögen geradezu erst her.

Stars, die unter Lampenfieber leiden, sind manchmal so stark davon beeinträchtigt, dass sie Bühnenauftritte meiden. Martha Argerichs Auftrittsangst ist legendär. Die berühmte argentinische Pianistin traute sich, wie ihr Biograph Olivier Bellamy[83] berichtet, ab 1981 lange nicht mehr allein auf die Bühne und spielte fast nur noch Konzerte und Kammermusik, am liebsten mit Freunden. Das Zweifeln an sich sei ihre „Spezialität" gewesen". Der Sänger Robbie Williams wird folgendermaßen zitiert: „Das Lampenfieber wurde von etwas Nötigem, das man braucht, um sich auf eine große Show vorzubereiten, zu einer überwältigenden Angst, durch die ich dachte: 'Ich kann nicht weitermachen, ich kann nicht weitermachen.' Es ist ein bisschen wie das Gefühl, wenn man auf einem Balkon steht und darüber nachdenkt, herunterzuspringen. Diese Art von Angst."[84] Es tun sich in diesen Augenblicken rabenschwarze Abgründe vor einem auf. Umso stärker man stets die Kontrolle bewahren will, umso gefährdeter ist man, in solche düsteren Zustände zu geraten.

Spiel-Blockaden

Manchmal suchen Musiker, Sänger oder Schauspieler therapeutische Hilfe auf, weil sich das altvertraute übliche Maß an Aufregung vor einem Auftritt, mit dem sie bisher irgendwie leben konnten, dermaßen gesteigert hat, dass sie schließlich ihren Beruf nicht mehr oder nur unter höchsten

---

[83] Bellamy, Olivier: Martha Argerich. Die Löwin am Klavier. München 2011
[84] Ausspruch gegenüber der englischen News Agency „BangShowBiz", zitiert nach: http://www.radiohamburg.de/VIP/Stars-international/2010/Maerz2/Robbie-Williams-Mega-Star-hat-Lampenfieber

Anstrengungen und mit großem Leid ausüben können. Je näher das Heraustreten rückt und der entscheidende Moment nur noch abgewartet werden muss, umso mehr geraten sie in eine kaum noch erträgliche Über-Erregung, die sie in jeder Faser erfasst.

Herzrasen mit panischer Angst, umzufallen oder gar zu sterben, feuchte Hände, permanenter Harndrang, brennende Magenschmerzen ohne medizinischen Befund, eine belastende Diarrhö, ein riesiger Kloß im Hals, der sie fürchten lässt, stumm bleiben zu müssen, schmerzhafte Verkrampfungen der Muskulatur sowie eine rasende Unruhe machen ihnen das Leben schwer. Von ständigen Fragen gepeinigt, ob sie auch nichts vergessen haben, laufen sie auf und ab und malen sich das schlimmste bloßstellende Erlebnis, zu dem ihr Auftritt pervertieren wird, im Detail aus. Sie bezweifeln massiv, ob sie überhaupt irgendetwas können, und möchten am liebsten für immer unauffindbar auf und davon gehen. Als Nervenbündel strapazieren sie die Geduld ihrer Mitmenschen.

Während sie früher mit wärmenden Tees oder hinter der Bühne auf- und ablaufend der Unrast Herr wurden, stehen sie nun als zitternde Häuflein Elend hinter dem Vorhang. Auch ein Umrunden der Arena mit dem Fahrrad, wie es der Musiker Prince angesichts technischer Probleme z. B. bei einem Konzert im Köln betrieb, verspricht dann keine Beruhigung mehr. Rituale, ein nach einem bestimmten Schema ablaufendes Aufwärmtraining oder abergläubische Absicherungen versagten schließlich auch ihre Wirkung.

Nachdem sie sich jahrelang einigermaßen mit allerlei bewährten Hausmitteln und von unzähligen Ratgebern empfohlenen Atem- und Entspannungsübungen oder durch Autosuggestionen etwa nach dem Motto: „du bist ruhig", „du bist voller Stärke und Selbstvertrauen" geholfen hatten, um die bangen Minuten zu überstehen, greifen sie zu Beruhigungsmitteln, um die Angst zu unterdrücken. Medikamenten-, Alkohol- und Drogenabhängigkeiten von Menschen, die im Rampenlicht stehen, entwickeln sich häufig als Betäubungsversuche dieser mehr als unangenehmen Beunruhigung. Wenn die aufsteigende Panik, zu versagen, sich aber auch damit nicht wirklich besiegen lässt, erhoffen sie sich in der Behandlung Einsicht in ihre Not, um dem Abhilfe schaffen zu können.

Ganz vorne stehen

Herr H., ein 35-jähriger Orchestermusiker, sah sich durch die lähmende Furcht davor, im Zentrum der Aufmerksamkeit zu stehen, gezwungen, seine Aufgabe als Solist aufzugeben und in eine hintere Position im Orchester zurückzutreten. Er fühlte sich als Solist schrecklich allein, allen Blicken ausgesetzt. Als das Lampenfieber auch beim Spielen in zweiter und dritter Reihe immer unerträglicher wurde, musste er sogar seine Berufstätigkeit zeitweise ganz aufgeben. Einige Musiker ziehen es dann vor, nur noch zu unterrichten, oder satteln sogar ganz um.

Angesichts der Tagträume von einem bewunderungswürdigen und unvergesslich beeindruckenden Auftritt kann sich die Angst vor einem Blackout über das mehr oder minder erträgliche Maß des unumgänglichen Lampenfiebers hinaus dermaßen steigern, dass man schließlich gar keinen Ton oder kein Wort mehr herausbringt. Die eigenen hochgeschraubten Ansprüche und das Wahrnehmen der Erwartungen des Publikums spornen dann nicht mehr zu Glanzleistungen an, sondern führen ein peinliches Versagen herbei. Nicht selten tritt dieser Worst Case sogar noch nicht einmal ein, sondern man meidet aus Angst vor der Angst die Öffentlichkeit, in der sicheren Überzeugung, dass es unbedingt schiefgehen müsse. Endlos aufgeschobene Prüfungen, denen man sich zuletzt auch gar nicht mehr stellt, gehen ebenso auf solche antizipierten Blamagen zurück. Lieber bricht man ein Studium oder eine Ausbildung ab, als sich einem eventuellen Scheitern auszusetzen. Insgeheim ausgestaltete Bilder, so unfassbar Geniales zu produzieren, dass dem prüfenden Professor oder Meister staunend der Mund offenstehen werde, mag man nicht einer Überprüfung durch die Realität aussetzen.

Der 35-jährige Oboist setzte sich unter einen ungeheuren Druck, etwas so außergewöhnlich Gutes zu leisten, dass er in ständiger Angst lebte, unüberhörbare Patzer zu machen. Das Befürchtete trat in dem Maße ein, in dem er sich bei jedem Ton quasi selbst über die Schulter blickte und überkritisch gedanklich kommentierte, was in seinen überkritischen Ohren nicht optimal klang. Zunehmend unterliefen ihm in der Tat kleine peinliche Fehlgriffe, die er zu Missgriffen von überproportionaler Tragweite stilisierte. Obwohl ein absolut fehlerloses Spiel im Grunde nicht möglich ist, konnte er winzige Fauxpas nicht billigend hinnehmen und geschickt zu überspielen suchen. Dadurch, dass er sichtbar aus dem Tritt geriet, machte er geradezu auf nicht ganz Lupenreines aufmerksam, das sonst vielleicht nur fein geschulte Ohren wahrgenommen hätten. Seine verzerrte Selbstwahrnehmung führte dazu, dass er manches Mal völlig überrascht war, wenn er Lob erhielt, und dieses kaum annehmen konnte. Er hatte immer noch etwas an sich auszusetzen.

Durch seine exzessive Selbstspiegelung störte er das automatisch ablaufende Spielen, das nicht mehr wie von selbst lief, ohne dass er sich über jeden Ton und das Wie bewusst werden musste. Ein guter Musiker vermag es, sich dem Spiel ganz zu überlassen, und gerät in einen Flow, der ihn trägt. „Es" spielt. Die Abläufe sind durch das intensive Üben dermaßen in Fleisch und Blut übergegangen, dass man nicht mehr darüber nachzudenken braucht. Diesen produktiven unbewusst gesteuerten Prozess unterlief er durch seine Zwangsgrübelei.

Vaters Traum erfüllen

In der Behandlung zeigte sich, dass er weniger eigenen Neigungen gefolgt war, sondern den innigen Berufswunsch seines Vaters verwirklicht hatte. Dieser hatte sich zwar das Instrument als kleiner Junge sehnlich gewünscht, aber seinen Traum, so gut zu spielen, dass er auf großen Bühnen stehen könnte, letztlich begraben. Nach einigen Jahren Unterricht ohne sensationellen Erfolg hatte der Vater das Instrument auf Dauer in die Ecke gestellt. Sein Leben lang hatte er jedoch dem unverwirklichten Entwurf nachgetrauert und mit seinem Beamtendasein gehadert.

Im Bestreben, den vier Jahre älteren Bruder auszustechen, der ein anderes Instrument beherrschte, hatte Herr H. sich als Vierjähriger bald des auf einem Schrank im Kinderzimmer unübersehbar deponierten Instruments bemächtigt und wie besessen, später zeitweise bis zu zehn Stunden täglich, darauf geübt. In der Pubertät hatte er alles andere hintan gestellt, um sein Ziel, bekannt zu werden, schnellstmöglich zu erreichen. Wilde Partys, aufwühlende Liebesgeschichten, Ahoholexperimente oder irgendwelche Formen von Revolte hatte er sich selbst versagt. Sein Leben war diszipliniert und asketisch gestaltet. Die Mutter erkannte diese pflichtbewusste Haltung besonders an und hielt sie dem weniger zielstrebigen Bruder vor, der durchaus manches Mal über die Stränge schlug. Dies nährte einen heimlichen Hochmut beim Jüngeren und ließ ihn hoffen, dass er für das sich selbst auferlegte Opfer mit Anerkennung belohnt werden würde, auch wenn er sich insgeheim eingestehen musste, dass der Bruder wahrscheinlich talentierter war. Er kam sich reif und vernünftig, viel erwachsener, vor, im Gegensatz zum leichtsinnigen älteren Bruder. Das große Engagement versprach, diesen überholen zu können.

Heute erschien es ihm, als habe er dadurch vor allem in der Pubertät viel verpasst. Es war jedoch müßig, sich mit der Frage zu quälen, wie sein Leben ohne diesen zermürbenden Wettlauf verlaufen wäre. Sein postpubertäres Nachholbedürfnis hatte in der Ehe starke Konflikte erzeugt, die fast zur Trennung geführt hätten. Als er nach und nach die zugrunde liegenden Problemkonstellationen verstanden hatte, konnte er neu auf seine Frau zugehen und sein Liebesglück mit ihr wertschätzen. Sie stand ihm in der Krise zur Seite und liebte ihn, auch wenn er nicht reibungslos „funktionierte".

Alle Blicke bannen

Wie auf dem Präsentierteller ist man auf den berühmten Brettern, die die Welt bedeuten, herausgehoben, thront optisch meist erhöht über allen anderen, und kann sich nicht zur Not in ein Mauseloch verkriechen oder hinter andere zurücktreten. Im grellen Scheinwerferlicht gibt es keine Deckung. Man tritt aus der Anonymität der Masse heraus und stellt sich mit seinen besonderen Leistungen mitten ins Spotlicht. Mit dem Bad in der Menge sind Bilder davon verbunden, wie man das Publikum verzaubern und hinreißen kann. Die Zuschauer und Zuhörer sollen alles um sich herum vergessen und nur „hin und weg" sein.

Dies ist ein sehr machtvolles Bild, das auch Angst macht. Man fühlt sich quasi nackt, wenn alle einen anschauen. Dies geht auf exhibitionistische Tendenzen zurück, die erstmalig in der frühen Kindheit etwa zwischen dem dritten und fünften Lebensjahr eine bedeutende Rolle spielen. Diese können in der öffentlichen Zur-Schau-Stellung der eigenen Größe ausgelebt werden, wenn sie nicht einer Verdrängung anheimgefallen sind, die das Sich-Zeigen mit Hemmungen belegt. Anderenfalls kann es leicht geschehen, dass man den ersehnten Auftritt durch unbewusste Beweggründe in ein schmachvolles Scheitern wendet.

Wie Kindheitserinnerungen, projektive Diagnostik und Deutungen von Träumen einsehbar machten, ging es damals für den Oboisten auch vor allem darum, die Mutter zu beeindrucken und ihre Augen strahlen zu machen. Durch Faxen und lustige Clownereien hatte er sie zum Lachen zu bringen versucht, es manches Mal jedoch auch dermaßen damit übertrieben, sodass er genau das Gegenteil damit erreicht hatte. Die Mutter schien nach einiger Zeit not amused und wandte sich bald unter Vorwänden ab, um die uferlos lange Vorführung zu beenden. Ihre ganze Aufmerksamkeit gewann er jedoch, wenn er sang oder musizierte. Dann war sie ganz Ohr und „vergaß" ihre hausfraulichen Aufgaben. Einmal war ihr darüber sogar ein Kuchen angebrannt.

Massiver Konkurrenzdruck

Bis ins Erwachsenenalter war Herr H. davon angetrieben, die Mutter zu beeindrucken und „es dem Vater zu zeigen", den er als streng und kritisch erlebte. Indem er den lang gehegten Traum des Vaters realisierte, versuchte er, sowohl den Vater, der daran gescheitert war, zu übertreffen als auch den Bruder auszustechen. Dieser hatte sich vor einem Jahr dem Vergleich ganz entzogen, indem er das berufsmäßige Musizieren aufgrund gesundheitlicher Probleme aufgegeben hatte. Nun hätte Herr H. endlich ganz ohne Familienkonkurrenz seine Früchte ernten können, doch nahm er sich selbst den Erfolg und stellte sich sinnbildlich in die letzte Reihe. Lieber verschwand er nun im Orchester, als durch ein Solo ins Rampenlicht zu treten. Sein Perfektionszwang steigerte sich, nachdem der Bruder sich nicht mehr mit ihm maß, ins Unermessliche und stellte eine Selbstbehinderung her, die sich auch in arg beeinträchtigendem Lampenfieber äußerte. Die lähmende Symptomatik war zeitgleich mit der Erkrankung des Bruders aufgetreten. Vorher hatte er diese leidige Begleiterscheinung einigermaßen in Schach halten können.

Die Behandlung förderte unbewusste Schuldgefühle zutage, die weit zurückreichten und dazu führten, dass er am Erfolg scheiterte. Diese hatten auf irrationale Weise u. a. dazu geführt, dass er sich zuschrieb, die Krankheit des Bruders hergestellt zu haben. Er verbot sich, dessen Stelle einzunehmen und wie dieser als Solist im Mittelpunkt zu stehen und die Mutter in einem großen Konzertsaal mit seinem beseelten Musizieren zu Tränen zu rühren.

Nachdem diese Quellen in ihrem, an dieser Stelle nicht bis ins Letzte abzuleitenden, Zusammenhang aufgearbeitet worden waren, entwickelte er eine nie gekannte Spielfreude und Leichtigkeit, die seiner Musik eine ganz andere Qualität gab. Mit Fleiß allein ließ sich dieses gewisse Etwas nicht erzielen. Dies wurde auch dadurch möglich, dass er sehen konnte, dass der Bruder ihm etwas voraushatte, das er sich nur schwer oder vielleicht auch gar nicht aneignen konnte. Dadurch fand er seinen Platz, mit dem er zufrieden war. Sein Ehrgeiz war nicht mehr grenzenlos, sondern ließ ihn an Schwächen feilen, ohne sich niedermachen zu müssen. Fehler waren kein Schrecken mehr, sondern motivierten zur Weiterentwicklung.

Nicht selten ist in Musikerfamilien der Vergleich noch dadurch potenziert, dass mehrere oder sogar alle Geschwister ein Instrument spielen. Stets gilt es dann, gegen ein noch erfolgreicheres Geschwister oder einen übermächtigen Elternteil, der als unerreichbares Vorbild erlebt wird, anzuspielen. Zeitungsartikel, in denen Rezensenten das Spiel der Konkurrenten loben, von der Mutter stolz überall herumgezeigt, oder Urkunden und Auszeichnungen, die in besonderen Ehren gehalten werden und an zentralem Ort Vitrinen schmücken, schmerzen besonders tief. Im Glauben, dass der Erfolg mit Liebe belohnt werde, treibt man sich permanent zu Spitzenleistungen an. Wenn man diesen zermürbenden Kampf aufgibt, wird das Spiel frei und ist nicht mehr Medium unbewusster Zwecke, die in ihrer besessenen Form selbstschädigenden Charakter haben.

Eine Musikstudentin konnte, aus strukturell ähnlich gelagerter Vorgeschichte heraus, an keinem Musikwettbewerb mehr teilnehmen und schließlich sogar nie mehr Klavier spielen, wenn ein anderer anwesend war, sodass sie ihren Berufsplan zunichtemachte. Lieber hielt sie an der verborgenen Überzeugung fest, dass aus ihr eine ganz große Musikerin geworden wäre, als sich einem Gemessenwerden auszusetzen.

In Biografien von Musikern, die unter einer Spielhemmung litten, zeigte sich regelmäßig eine seit der frühen Kindheit angestachelte Rivalität, die im Orchesterklima weiter wirkt. Ein aufwühlendes Buhlen um vordere Plätze erzeugt einen bohrenden Vergleich, der kaum Ruhe lässt. Das nervenzerreißende Spiel um die sprichwörtlich erste Geige kann heftig umtreiben. Um in ein Orchester aufgenommen zu werden oder seinen Rang zu verbessern, muss man sich einem teilweise gnadenlosen Auswahlprozess stellen, bei dem es gilt, Mitbewerber auszustechen. Dies weckt Erinnerungen an kindliche Rivalitäten mit kleinen und größeren ausgelebten Bösartigkeiten, die man mehr oder weniger offen ausagierte, sich aber auch insgeheim übel nahm. Kürzungen in Kultur-Etats, die das Sterben von Orchestern zur Folge haben, verschärfen diese Problematik und heizen den Konkurrenzkampf in zunehmend belastender Weise an.

Aber auch in Rock- und Pop-Bands wird häufig beschrieben, wie man sich spinnefeind wird, nachdem das zermürbende Ringen um Vorrangstellung und Machtpositionen die Atmosphäre vergiftet hat. Man steht zwar noch Abend für Abend miteinander auf der Bühne, spricht aber ansonsten kaum noch ein Wort miteinander oder wechselt die Straßenseite, wenn man den Bandkollegen kommen sieht. Ist man darin gefangen, kann man ohne einen Blick von außen in Form von professioneller Hilfe aus dieser Feindseligkeit schwerlich wieder herausfinden.

4. Von der Tatkraft

Nachdem Handlungshemmungen in allen möglichen Spielarten vorgestellt und psychologisch analysiert wurden, geht es nun darum zu betrachten, was das zögerfreie Agieren kennzeichnet, bei dem das Anpacken von Aufgaben dynamisch und zeitnah gelingt. Erleichtert wird dieses Angehen dadurch, dass regelmäßige Erledigungen vollzogen werden, ohne dass man sich fragen muss, ob sie Sinn machen, und ohne dass man sich jedes Mal einen Ruck geben muss. Ein langes Für und Wider erspart man sich dabei, indem man einfach macht, was ansteht, ohne lange zu überlegen, ob es zu diesem Zeitpunkt getan werden soll und ob es auf diese oder auf andere Weise geschehen sollte. Wenn wir bei jeder Handlung alle Umstände explizit berücksichtigen und neu zur Diskussion stellen würden, würden wir verrückt und kämen keinen Schritt von der Stelle. Zwangsstörungen führen uns diese Gefahr, wie beschrieben, vor Augen.

Die Bedeutung von Ritualen

Der Alltag funktioniert in der Regel nur deshalb relativ reibungslos, weil wir uns nicht jeden Augenblick vergegenwärtigen, was wir tun und warum wir es tun. Automatisierte Abläufe helfen, die Klippen eines langen Abwägens zu umgehen. Alltagsverfassungen wie das Aufstehen, der Aufenthalt im Bad, vertraute Rhythmen des Arbeitslebens oder der Hausarbeit, Regelmäßigkeiten in der Freizeitgestaltung mit Sport, Hobbys, Lieblingsfernsehsendungen usw. und das

Zubettgehen gliedern die täglich neu zu gestaltenden 24 Stunden. Es würde uns überfordern, wenn dies alles jeden Tag neu zur Disposition stünde. Dies macht es Menschen, die arbeitslos geworden oder als Rentner ihr Leben anders füllen müssen, häufig schwer, sich in die veränderte Lage einzufinden. Das Empfinden von Leere und Langeweile ist eine Aufforderung, in sich hineinzuhorchen und einen neuen Rahmen zu entwerfen. Dies ist nicht un-bedingt angenehm, da Selbstverständlichkeiten weggefallen sind und andere „Aufgaben", die mit Freude angegangen werden können, erst zu entwickeln sind. Eine reine Beschäftigungstherapie kann keine Erfüllung bringen. Das Gefühl von Leere und Langeweile wird dadurch nur betäubt.

Die Mahlzeiten, die einst durch ein ziemlich festes Reglement gekennzeichnet waren – in einigen Familien war es üblich, um Punkt 12 Uhr oder abends um 18 Uhr zu essen – sind heutzutage zunehmend kein Fixpunkt mehr im Tag. Früher konnte man sich daran ausrichten und institutionalisiert innehalten. Als Form gemeinschaftlichen Lebens boten sie Gelegenheit zum Austausch und auch zum Entwickeln einer Streitkultur. Man kam am Tisch zusammen und handelte Formen des Zusammenlebens aus. Das Frühstück ist zunehmend meist auf eine Tasse Kaffe und ein Brot im Stehen reduziert oder fällt bei jungen Leuten inzwischen meist ganz aus. Es wird kaum noch täglich aufwendig gekocht, sondern es sind Fast Food, in möglichst kurzer Zeit auf den Tisch zu bringende Fertiggerichte und meist süße Snacks als häufige Zwischenmahlzeiten an die Stelle der festen Essensrituale getreten. Alles soll möglichst schnell und im Vorübergehen einzuverleiben sein – Leben to Go.

Es wird zwar beklagt, dass dies in Hinblick auf Qualität der Ernährung und die Gefahr von Übergewicht gravierende Folgen hat, aber es wird kaum in Betracht gezogen, wie sich gesellschaftliches Leben verändert, wenn diese Anker im Alltag wegfallen. Die Zeitabläufe des Tages, nicht nur die Arbeitszeit, sind ins Gleiten geraten. Der Tendenz, derartige Einschnitte, die eine Entschleunigung bewirken können, ganz zu überspringen, wird leicht nachgegeben. Diese zunehmende Flexibilisierung hat jedoch seelische Folgen. Mehr und mehr ist einem selbst überlassen – lass ich`s, tu ich`s? –; diese Frage stellt sich im Verlauf eines Tages immer häufiger. Dadurch vermehren sich die Dilemmata und damit die Möglichkeiten der Handlungslähmung.

Weil man sich einer mühsamen Entscheidungsfindung nicht aussetzen mag, orientiert man sich gerne an dem, was sich anbietet und zum Greifen nah oder am Wege liegt. Eine ganze Industrie lebt davon, To-Go-Produkte anzubieten. Aufschub und Warten ist nicht angesagt.

Wenn Rituale allerdings keinerlei Variation zulassen und minimale Umstellungen, wie beispielsweise das Umstellen von Möbeln oder Veränderungen eines üblichen Weges, große Beunruhigung auslösen, sollte man abklären, ob nicht eine autistische Störung vorliegt. Liegen Gegenstände nicht an ihrem gewöhnlichen Platz oder sind sie anders als sonst angeordnet, können bei Autisten panikartige Ängste auftreten. Bei unerwarteten Veränderungen haben sie keine alternativen Strategien zur Verfügung. Stereotype Wiederholungen geben ihnen Halt.

Paradoxerweise arbeiten die Reizüberflutung und eine wachsende Freiheit, sich über Traditionen und starre Rituale hinwegzusetzen und selbst eigenmächtig Setzungen treffen zu können, der Verführung von Zwang und festen Ordnungen zu. Die Menschen fühlen sich überfordert, so vieles selbst bestimmen zu können. Die Ausweitung von Beliebigkeit und Regellosigkeit ruft dadurch eine Gegenbewegung, nämlich diktatorische Zwangssysteme, geradezu auf den Plan. Man sehnt sich, wie bereits beschrieben, in unentschiedener Handlungsunfähigkeit nach einem, der den Weg weist.

Tatmenschen

Tatmenschen haben keine Schwierigkeiten damit, zu sagen, wo es langgeht. Gemeinhin werden Machthaber und Generäle wie Napoleon und Cäsar gerne als solche Menschen der Tat tituliert. Man spricht davon, dass jemand rangehe wie Blücher, der preußische Generalfeldmarschall Gebhard Leberecht von Blücher (1742-1819), der aus den Schlachten von Waterloo und Wellington als Sieger hervorging und für sein stürmisches und entschlossenes Vorgehen bekannt war. In der Mythologie ist Prometheus der listige Akteur, der gegen Zeus aufbegehrt, indem er den Menschen verbotenerweise das Feuer bringt.

Der gordische Knoten

Auch Alexander der Große wird gern als Musterbeispiel solch eines entschiedenen Zupackens angeführt. Er soll der

Überlieferung nach von den Göttern verknotete, unentwirrbar scheinende Seile am Streitwagen des Königs Gordios von Phrygien, die viele vor ihm vergeblich aufzuknoten versucht hatten, mit seinem Schwert einfach durchtrennt haben[85]. Demjenigen, der den Knoten lösen könne, war von einem Orakel prophezeit worden, dass er die Herrschaft über Asien erringen werde.

Der Gordische Knoten ist seitdem Synonym für die unkomplizierte, energische Lösung eines unlösbar erscheinenden Problems. Es ist ein Bild für das Außerkraftsetzen allen Zauderns: Es gilt, das Knäuel an Bedenken und vorausgesehenen schwierigen Eventualitäten mit einem Schlag hinter sich zu lassen. Statt in mühsamer Analyse und geduldiger Abwicklung zeitaufwendig vorzugehen, kommt man mit tatkräftiger Unmittelbarkeit zum Ziel. Chronische Zögerer können davon nur träumen. Die Komplikationen stehen ihnen übergroß vor Augen, sodass das Schlichte aus dem Blick gerät. In ihrer Vorstellung verknoten sie das Variantengeflecht so sehr, dass der rote Faden unauffindbar wird.

Die praktizierten Lösungen verblüffen dabei häufig durch ihre Einfachheit und Stringenz. Ein Geistesblitz hat den Charakter des Unmittelbaren. Das Aha-Erlebnis geht auf einen Perspektivenwechsel zurück, der im Komplexen das Elementare sehen lässt. Die vom Orakel prophezeite Macht Alexanders des Großen kam bereits in diesem beeindruckenden Akt zum Tragen.

---

[85] In einer anderen Variante soll Alexander den Pflock herausgezogen haben, wodurch sich der Knoten gelöst habe.

Nicht von des Gedankens Blässe angekränkelt

Im Gegensatz zu literarischen Figuren aus klassischen Tragödien wie Hamlet, Faust, Wallenstein oder Macbeth werden Tatmenschen nicht durch einen Konflikt unentwegt hin- und hergeworfen. Frei von übermäßigen Skrupeln und Bedenken können sie gleichsam „gewissenlos" handeln, ohne ihr Tun infrage zu stellen. In Wallensteins großem Monolog in „Wallensteins Tod"[86] wird dieses Hin- und Hergerissene treffend charakterisiert: „Wär`s möglich? Könnt` ich nicht mehr, wie ich wollte? Nicht mehr zurück, wie`s mir beliebt? Ich müsste die Tat *vollbringen*, weil ich sie *gedacht* ... Die Wege bloß mir offen hab` gehalten. Es war nicht mein Ernst, beschlossne Sache war es nie. In den Gedanken bloß gefiel ich mir." Der Entschluss schafft im wörtlichen Sinne Tat-Sachen, die in der Welt sind und von denen wiederum Wirkungen ausgehen. Aber auch das Nichthandeln bleibt nicht folgenlos.

Motivationstrainer berichten gerne von gewonnenen Matches trotz offenkundiger Überlegenheit des Kontrahenten, weil dieser selbstkritisch jeden Fehler nachkartet, sich über Missgriffe noch eine Weile ärgert und verkrampft unbedingt sein Können unter Beweis stellen und als Sieger vom Platz gehen will. Wer sich ständig über die Schulter schaut und mit strengem Blick beurteilt, was er macht, schwächt seine Durchschlagskraft. Wenn man mit inneren Scheuklappen für eigene Fauxpas einfach sein Spiel macht, aufmerk-

---

[86] Schiller, Friedrich: Wallensteins Tod. Großer Monolog. 1. Aufzug, 4. Auftritt. München 1961, S. 123

sam in den Vollzug vertieft, in der Überzeugung, nichts zu verlieren zu haben, macht man es dem professionellen Gegenspieler schwer. Überraschende Siege trotz offensichtlicher Überlegenheit des Gegners kommen häufig durch solch eine Unbekümmertheit zustande. Im Bewusstsein, dass sehr viel auf dem Spiel steht, gelingt diese entspannte Haltung kaum; verkrampfter Siegeswille kann kontraproduktiv wirken. Wer verbissen operiert und nicht in diesem Sinne loslassen kann, wird sich auch kaum per Selbstsuggestion in eine derartige Verfassung bringen können.

Kleists Marionettentheater

Heinrich von Kleist beschreibt und erklärt zugleich psychologisch tiefgründig bereits 1810 in seinem berühmten Essay „Über das Marionettentheater", was solch eine Verfassung kennzeichnet. Er erzählt darin die Geschichte von einem Fecht-Kampf mit einem Bären, der trotz aller Kunstfertigkeit nicht zu gewinnen ist. „Nicht bloß, dass der Bär, wie der erste Fechter der Welt, alle meine Stöße parierte; auf Finten (was ihm kein Fechter der Welt nachmacht) ging er nicht einmal ein: Aug in Auge, als ob er meine Seele darin lesen könnte, stand er, die Tatze schlagfertig erhoben, und wenn meine Stöße nicht ernsthaft gemeint waren, so rührte er sich nicht."[87] Der Bär „weiß" unmittelbar, welcher Angriff ernst und welcher nur vorgetäuscht ist. „Es" vermittelt sich

---

[87] Kleist, Heinrich von: Über das Marionettentheater (1810). Ditzingen 2009, S. 86

ohne Worte. Je schwächer die Reflexion, umso unverstellter und punktgenauer die Re-Aktion.

Kleist beschreibt in diesem Zusammenhang auch, wie die Grazie eines Menschen verloren geht, sobald er sich seiner Wirkung bewusst ist und eine anmutige Bewegung gezielt zu wiederholen trachtet. Um seine Puppen grazil tanzen lassen zu können, bewegt der Marionettenspieler nicht jedes Glied einzeln, sondern er aktiviert den inneren Schwerpunkt der Bewegung, aus dem die einzelnen Abläufe in ihrem Zusammenspiel sozusagen von selbst erwachsen. Aus diesem Grunde sind nicht unzählige Fäden nötig, um der Puppe Leben einzuhauchen.

Die Linie der Bewegung ist „nichts anderes als der *Weg der Seele des Tänzers*", heißt es in Kleist Text, „und er zweifle, dass sie anders gefunden werden könne, als dadurch, dass sich der Maschinist in den Schwerpunkt der Marionette versetzt, d.h. mit andern Worten, *tanzt*."[88] Dieses Hineinversetzen oder empathische Mitschwingen funktioniert, weil der Rhythmus der Bewegung ganzheitlich entfaltet und strukturiert wird. Das Ganze ist stets mehr als die Summe seiner Teile. Kleist spricht davon, dass es in der Grazie der Bewegung entweder gar kein oder ein unendliches Bewusstsein gebe. Solch ein grundlegendes paradoxes Ineinander sich eigentlich ausschließender Züge charakterisiert jeden seelischen Vorgang.

---

[88] Ebenda, S. 80

Die Kraft der Intuition

Hochkonzentrierte Zustände zeichnen sich durch diese erstaunliche Gleichzeitigkeit von ungeheuer gesteigertem und ausgeschaltetem Bewusstsein aus. Man ist so sehr in die Sache vertieft, dass man alles andere um sich herum vergisst. Im Vertrauen in den Prozess lässt man sich darauf ein und wird von dem Vollzug selbst getragen und geleitet.

Intuition wird als die Fähigkeit verstanden, Einsichten in die subjektive Stimmigkeit von Entscheidungen zu gewinnen, ohne den Verstand diskursiv in Form bewusster Schlussfolgerungen einzusetzen. In Sekundenbruchteilen kann ein komplexer Kontext instinktiv in seiner Ganzheit wahrgenommen werden. Mit Intuition lassen sich vielschichtige Ausgangslagen besser erfassen als mit dem bewussten Verstand, da das Unbewusste in der Lage ist, weitaus mehr einzelne Determinanten und vor allen Dingen ihren inneren Zusammenhang zu berücksichtigen als das Bewusstsein, das nicht gleichzeitig mit ganz vielen Bällen jonglieren kann.

Unendliches Grübeln, das alles ins Kalkül ziehen möchte, bemüht, jeden möglichen Fall X und Y zu durchdenken, um irgendwann in fernster Zukunft vielleicht zu einer Entscheidung zu kommen, verliert den Kontakt zum Unbewussten. Viele Menschen berichten davon, dass sie ihre besten Entscheidungen, die sich im Nachhinein als goldrichtig erwiesen haben, erstaunlich schnell und mit einem sicheren Empfinden, das Richtige zu tun, getroffen haben.

Was dabei als „Bauchgefühl" charakterisiert wird, hat mit dem Ermöglichen eines unbewussten Flusses (Flow) zu tun.

„Es" handelt. In diesen Vorgang nicht einzugreifen, sondern sich dem Geschehen hinzugeben, darauf bauend, dass frühere Erfahrungen und automatisierte Abläufe, die eintrainiert wurden und schließlich nahtlos einverleibt worden sind, eine eigene Dynamik entwickeln werden, macht einen wichtigen Teil des Erfolges von Spitzensportlern, großen Musikern und Künstlern aus. Auch Schriftsteller berichten häufig, dass erst beim Schreiben Figuren zum Leben erwachen und ihr Eigenleben führen. Der Dichter sei quasi als Geburtshelfer und Medium tätig. Entscheidend sei, nicht kopflastig einzugreifen und dieses Werden nicht durch übermäßiges Planen und Strukturieren zu torpedieren.

Überhöhtes Selbstwertgefühl

Das feine Wahrnehmen von unbewussten Strömungen kann ausgesprochenen Macht- und Tatmenschen aber auch verloren gehen, wenn sie in Verkennung der Wirklichkeit sich selbst zum Maßstab aller Dinge machen. Sie neigen dann dazu, Infragestellungen ihrer Größenideen auszublenden und verlieren dadurch den Kontakt zur Realität. Die Märchen zeigen auf, welche Gefahr ein von keinerlei Zweifeln gebremstes Agieren in sich birgt.

Das Tapfere Schneiderlein lässt sich nicht von den Riesen beeindrucken, sondern fühlt sich durchaus imstande, ihre Übermacht geschickt auszuhebeln. Mit einer gehörigen Portion Selbstbewusstsein ausgestattet, zeigt er seinen Tapferkeitsgürtel (Siebene auf einen Streich) her, der aus sieben erschlagenen Fliegen in der Vorstellung des Betrachters sieben besiegte Helden macht. Raffiniert schlägt er die Riesen, indem er dafür sorgt, dass sie ihre unbändige Kraft gegeneinanderrichten.

Max Slevogt Das tapfere Schneiderlein (1920)

Bluffs und geschickte Manöver machen den Kampf zu einem Kinderspiel für den kleinen Herausforderer. Dieser David schlägt Goliath um Längen, weil er ein Scheitern gar nicht erst antizipiert. Er tritt großspurig auf und behält die Oberhand, indem er seine Gegner bei ihren Schwächen packt. Clever stachelt er ihre Konkurrenz an und sorgt dafür, dass sie sich durch ihre Aggression selbst außer Gefecht setzen. Das Einhorn spießt sich schließlich selbst im Baum auf, das Wildschwein vermag aufgrund fehlender Wendigkeit nicht mehr aus der Kapelle herauszukommen und setzt sich eigenhändig gefangen. So schlägt das Schneiderlein sie alle mit ihren eigenen Waffen. Bald geht ihm sein mächtiger Ruf voraus; er vermag durch das Imponiergehabe selbst den König einzuschüchtern.

Des Guten zuviel

Das kesse Schneiderlein ist nicht weit von der Karikatur eines größenwahnsinnigen Narzissten entfernt, findet am Ende des Märchens jedoch zu seinen schlichten Wurzeln zurück, als er im Schlaf verrät, dass er nur ein einfacher Schneider und kein übermächtiger König ist. Dadurch werden die Verhältnisse wieder zurechtgerückt. Manch ein Mensch, der sich nach einem steilen Karriereweg bald in oberen Etagen von Unternehmen oder auf politischen Bühnen findet, verliert jedoch dieses relativierende Maß. Die Märchen zeigen in ihren kunstvoll übersteigerten Bildern das Fünkchen Wahrheit im Wahn. Aus der Geschichte von Herrschern sind Lebensgeschichten bekannt, in denen sich Machthaber dermaßen in ihrem eigenen Glanz gesonnt haben, dass sie den Bezug zur Wirklichkeit verloren haben. In der Psychose halten sie dann an ihrer uneingeschränkten Größe fest. Einige Regime, die gegenwärtig zusammengebrochen sind oder auf schreckliche Weise mit aller Gewalt die Macht festzuhalten suchen, führen vor Augen, wie sich diese Dynamik unheilvoll entfalten kann.

Dabei kommt es unbedingt auf ein Maß an – stellt man sein Licht unentwegt unter den Scheffel, hält sich stets im Hintergrund und traut sich nur wenig zu, wird man kaum erfolgreich sein. Ein Stück Selbstpromotion kann beim Besteigen der Erfolgsleiter nicht schaden. Wer jedoch ungebrochen großkotzig durchs Leben geht, völlig unbeeindruckt von Spiegelungen durch die Wirklichkeit, die vehement Anlass gäben, Abstriche von dem grandiosen Bild, das man von sich selbst hat, zu machen, droht, sich zu verlieren. Die Geschichte lehrt, dass ein böser Absturz die Folge sein kann. Des Kaisers neue Kleider können durch entlarvende Blicke eine beschämende Nacktheit sichtbar machen, wenn sich die stolz hergezeigten Insignien der Macht als hohle Phrasen entpuppen.

Ein selbstherrlicher Auftritt offenbart die Not, Kehrseiten auszulöschen, und verrät dadurch, wie sehr man die Selbstüberschätzung nötig hat, um Kleinheitsgefühle zu kaschieren. Wer souverän agiert, weiß um die Möglichkeit des Scheiterns, hat jedoch die ermutigende Erfahrung gemacht, dass man an Fehlern und Schwächen wachsen kann und dass man diese deshalb nicht mit aller Macht verbergen muss. Mut zur Lücke und zu allzumenschlichen Fehlern kann helfen, auch größere Hürden anzugehen. Wer wagt, kann gewinnen.

Angstfrei?

Blinde Unerschrockenheit führt nicht zum Ziel, wenn tollkühner Wagemut den Blick für die gegebenen Bedingungen verstellt. Stürmt man die in Jahrzehnten gewachsene Hecke im Märchen *Dornröschen*, bevor die Zeit reif ist, bleibt man darin hängen und bringt sich ums Leben. Maßverhältnisse bestimmen darüber, was Entwicklung voranbringt und was sich gegen ein Weiterkommen verkehrt, indem es nicht mehr in der Realität verankert ist und sich Korrekturen entzieht.

Wie das völlig Unerschrockene etwas Wesentliches verfehlt, führt das *Märchen von einem, der auszog, das Fürchten zu lernen* vor Augen. Ohne Rührung und innere Bewegtheit setzt sich der Junge allem Grauen aus, das ihn jedoch absolut nicht zu beunruhigen vermag. Er ignoriert das Tote und behandelt es, als sei es am Leben. Da ihm nicht gruselt, wird seine Welt seltsam stumpf und unbewegt, obwohl es um ihn herum hochdramatisch zugeht: Unzählige schwarze Katzen mit langen Krallen und schwarze Hunde an glühenden Ketten, ein wild herumfahrendes Bett, Kegeln mit Totenköpfen, ein Toter im Sarg, der wieder lebendig wird und ihm ans Leben will – all diese Bedrohungen lassen ihn kalt. Als ob er sich selbst wieder erwärmen wollte, setzt er die Gehenkten ans Feuer und legt einen Toten neben sich ins Bett. Ohne zu zögern, schlägt er die gespenstischen Bedroher gnadenlos tot und schleift ohne den Hauch eines Schauers die Schädel auf der Drehbank rund. Wer sich von nichts und niemandem einschüchtern und beeindrucken lässt, handelt zwar ohne Rücksicht auf Verluste, ist aber auch nicht mehr in der Lage, Nähe zu empfinden und sich berühren zu lassen.

Berührtwerden

Erst als seine Frau ihm Fische ins Bett schüttet, die zappeln und sich regen, erfährt er, was Gruseln ist. Der Alltag mit seinen sinnlichen Erfahrungen kann aus dieser Regungslosigkeit erlösen. Dadurch dass er sich in Kontakt mit den Lebewesen, die sich intensiv rühren, spürt, gerät er aus der kaltgemachten Erstarrung heraus.

Im Märchen soll der Junge nicht sagen, wo er herkommt und wer sein Vater ist, da dieser sich für ihn schämt. Eine Identität bildet sich auf dem Hintergrund der Ängste, Macken und Besonderheiten eines Menschen aus. An der Angst spüren wir Grenzen; sie markiert, was wir aus unserem Leben auszuschließen versuchen und was uns in einer Angstlust zur Überschreitung dieser Grenze herausfordert. Das Angstsignal ist ein lebenswichtiger Indikator für Grenzüberschreitungen und trägt dazu bei, dass wir aus Schaden klug werden können. Sinnbildlich geht eine rote Lampe an, die anzeigt, dass man unbekanntes, möglicherweise auch gefährliches Terrain betritt. Wer diese Grenze ausblendet, kann geradlinig und mitleidlos voranschreiten; er gibt aber auch etwas fundamental Menschliches preis: Angst und Zweifel.

5. Lob des Zweifels

Das Zweifeln hat nämlich in doppelter Hinsicht eine bedeutende seelische Funktion. Einerseits gibt es Gegenströmungen Raum und lässt Widersprüchliches als solches gelten, ohne es sogleich unter die vorherrschende „Wahrheit" zu subsumieren. Das Bestehende hat die immanente Tendenz, alles in seinem Sinne, in den Denkschemata der jeweiligen Tradition, auszulegen und Konträres zu leugnen oder umzufrisieren. Notfalls wird es, auch mit aller Gewalt, so umgedeutet, dass es nicht aus dem Rahmen fällt; wie im Märchen *Aschenputtel* schneidet man halt ein Stück Ferse weg – dann passt`s scho! Es soll eben nicht wahr sein, was nicht wahr sein darf. Was nicht ins dogmatische Weltbild passt, „existiert" einfach nicht oder wird als Feindbild heftig bekämpft. Das Bild soll unter allen Umständen in sich stimmig bleiben. Wer keinerlei Zweifel hegt, ist in Gefahr, sich selbstherrlich einseitig zu verrennen und betriebsblind zu werden.

Freud fasste diese innere Regulation im Terminus des Über-Ichs, um deutlich zu machen, welche Bedeutung das Gewissen als Maß-Instanz für Kulturprozesse hat. Menschen mit Persönlichkeitsstörungen oder mit Wahnvorstellungen können dieses seelische Instrument nicht nutzen. Ein Fragezeichen soll es in ihrer besessenen Lebenskonstruktion nicht geben.

Andererseits stößt der Zweifel Wandlungsprozesse an, indem er hinterfragt, was selbstverständlich erscheint, und an vorgegebenen Gewissheiten rüttelt. Weiterentwicklung ist ohne Infragestellung nicht möglich. Indem Prometheus sich über Zeus Verbot hinwegsetzt und den Menschen durch das Feuer Kultivierung ermöglicht, stößt er eine zentrale, bahnbrechende Veränderung an.

Common sense

Harald Martenstein[89] macht mahnend darauf aufmerksam, wie der Mainstream gegenwärtig in beängstigender Weise zunehmend zur alleingültigen Wahrheit erklärt zu werden droht. Abseitiges erhält einen pathologischen oder subversiven Touch und kann sogar verteufelt werden. Darüber, wer Freund und wer Feind, wer „In" und wer „persona non grata" ist, wird ein stillschweigendes Agreement getroffen. Manchmal dreht sich das Image einer hochgradig wertgeschätzten oder sogar idealisierten Figur mit großem Medienrummel auch komplett ins Gegenteil, das einstmals Gefeierte wird zum Buhmann-Bild der Nation (s. zu Guttenberg, Käßmann, Westerwelle, Wulff). Der Medien-Pranger schwört die Masse auf den neuen Blick ein. Nur wenige wagen, weiterhin die Fahne hoch zu halten, wenn jemand in Ungnade gefallen ist.

Der Mainstream erschafft sich selber – fast alle sagen, schreiben und denken schließlich auch das Gleiche, denn in selbstreferentieller Bestätigung bekräftigt und multipliziert sich das Meinungs-System selbst. Auch wenn durchaus nicht gesagt ist, dass es sich tatsächlich um die Meinung der

---

[89] Martenstein, Harald: Der Sog der Masse. In: Die ZEIT vom 10. November 2011, Nr. 46, S. 17-19

Mehrheit handelt, wird durch potenzierte Vervielfältigung der Eindruck erweckt, dass das Gros der Menschen diese Ansichten teilt. Das Echo ist einhellig; Kopisten haben Hochkonjunktur.

Psychologen werden im Dienste dieses Einheitsbreis gerne in den Medien befragt, um in klugen Worten allgemeine Plattitüden (pseudo-)wissenschaftlich zu unterfüttern. Aufrüttelnd oder beunruhigend sollen die darin verklausulierten Weisheiten des gesunden Menschenverstands auf keinen Fall sein – man will nur hören, was man eh schon immer gewusst hat.

Im Schwarm fühlen sich die Menschen stark und sicher. Die Schwarmintelligenz folgt, wie Craig Reynolds[90] 1986 erforscht hat, drei Grundregeln: 1.) Bewege dich immer in Richtung des Schwarmmittelpunkts. Dies garantiert, dass der Schwarm nicht auseinanderfließt. 2.) Vermeide Zusammenstöße, indem du dich wegbewegst, sobald dir jemand nahekommt. 3.) Beweg dich in dieselbe Richtung dein Nachbar, denn dann bewegst du dich wie alle anderen.

Gegen den Strom schwimmen

Auf übermäßigen Druck zur Einheitlichkeit, Denkschere im Kopf und wachsende Einschränkung des Spielraums neigen die Menschen jedoch dazu, mit Reaktanz zu antworten.

---

[90] Reynolds, Craig W.: http://de.wikipedia.org/wiki/Schwarmverhalten; Craigs Webseite zu Schwärmen (Computersimulation Boids): http://www.red3d.com/cwr/boids/

Der Sozialpsychologe Jack W. Brehm prägte diesen Begriff für einen Abwehrmechanismus 1966, um zu charakterisieren, wie Menschen unter diesen Umständen genau das Gegenteil von dem tun, was von ihnen erwartet wird. Man ist dann aus Prinzip dagegen. Einem Herdentrieb mit Hang zum Konformismus arbeitet diese Tendenz, in der mit trotzigem Nein ein freier Wille propagiert wird, entgegen.

Ein eindimensional strukturierter, und deshalb vermutlich nicht sehr wirkungsvoller, Citroën DS4-Werbespot[91] aus dem Jahr 2011 greift diese gegenwärtig zu beobachtende Tendenz auf, indem er das Jasagen demaskiert und anprangert, um schließlich zu fragen, ob man schon mal versucht habe, Nein zu sagen, „Nein zum Konformismus". Diese Aufforderung zur pseudomäßigen Revolte wird zum „Ja" zu einer Automarke pervertiert.

Werbung, die den Zeitgeist auf diese schlichte Weise für ihre Zwecke missbraucht, droht den gegenteiligen Effekt zu erzielen. Wenn Marketing und Werbung Bezug zu aktuellen Kulturentwicklungen nehmen, müssen sie behutsam vorgehen und unbewusste Wirksamkeiten einkalkulieren, die sich nur in einer tiefenpsychologischen Analyse erschließen. Nuancen können darüber entscheiden, ob ein Witz gewollt oder eine Pointe deplatziert wirkt. Ein zu plattes und in seiner Intention durchsichtiges Aufgreifen von Themen, die „In" sind, kann kontraproduktiv im Sinne des Kaufanreizes sein und ein Markenbild ernsthaft schädigen. Das Seelenleben der Menschen ist komplexer gestrickt, als manch ein berufsmäßig Kreativer es sich träumen lässt.

---

[91] http://www.youtube.com/watch?v=5TUXr1BP6GA

Querdenken

Dass sich im Gruppendruck die meisten gegen die eigene vernunftmäßige Einsicht der Sicht der Masse anschließen, haben viele Experimente, u. a. von Solomon Asch[92], erwiesen. Doch gibt es stets eine kleine Anzahl von Versuchsteilnehmern, die sich nicht der Mehrheit anpasst, sondern mutig die eigene Überzeugung, auch gegen massiven Widerstand, vertritt.

Angesichts der geschichtlichen Umwertung, die viele Meinungen und Grundhaltungen erfahren, man denke beispielsweise an die Sauberkeitserziehung heute und um 1900, erscheint es „dumm", Meinungen „mit großer Selbstgewissheit, ohne die Spur eines Zweifels, als ob es kein Morgen gäbe"[93], zu vertreten.

Wer sich gegen den „Gesinnungsterror des politisch Korrekten"[94] wehrt, geht jedoch das Risiko ein, abgeurteilt und ausgestoßen zu werden. Soziale Isolation ist nicht weit von der Ächtung von Vogelfreien entfernt. Von Außenseitern, die das Selbst-Verständliche nicht einfach übernehmen, sondern nachprüfen, ob es denn wirklich stimmt, kann jedoch eine innovative Kraft ausgehen. Norbert Bolz spricht davon, dass wir „alles Wertvolle" „außergewöhnlichen Indi-

---

[92] Asch, Solomon E. (1956): Studies of independence and conformity: I. A minority of one against a unanimous majority. In: Psychological Monographs, 70(9), 1–70

[93] Martenstein, Harald: Der Sog der Masse. A. a. O., S. 18

[94] Bolz, Norbert: Die neuen Jakobiner. In: Focus Magazin, Nr. 37, 2010 http://www.focus.de/wissen/bildung/philosophie/tid-20094/debatte-die-neuen-jakobiner_aid_550734.html

viduen"[95] verdanken, man denke nur an Galilei, der einen einschneidenden Wandel des Weltbildes gegen den massiven Widerstand des Zeitgeists initiierte. Ohne die Infragestellung des durch Massenmedien getragenen Mainstreams würde Demokratie als Mehrheitsbildung auf „eine massenpsychologische Zwangsherrschaft des Einheitsdenkens" hinauslaufen, so Martenstein. Umso wichtiger wird es, auch Minderheiten zu hören und sich ein eigenes Urteil zu bilden. Auch wenn die Vielschichtigkeit der Ereignisse unserer Gegenwartskultur einen Überblick erschwert, kann das Anzweifeln des vermeintlich Evidenten helfen, sich ein eigenes Bild zu machen und Stellung zu beziehen.

Methodischer Zweifel

Methodischen Zweifel wandte Descartes[96] in seinen Meditationen über die erste Philosophie als Verfahren an, um zu Gewissheiten (Evidenz) zu gelangen. Die Existenz von allem, was einem Irrtum unterliegen könnte, soll systematisch angezweifelt werden, um philosophisch zu ergründen, was zweifelsfrei existiert. Schließlich kommt er zu dem Schluss, dass an der Existenz des Menschen nicht zu zweifeln

---

[95] Bolz, Norbert: Der Reaktionär und die Konformisten des Andersseins. In: Sag die Wahrheit! Warum jeder ein Nonkonformist sein will, aber nur wenige es sind. Sonderheft Merkur, Heft 09/10, September 2011, Stuttgart. Zitiert nach Martenstein, Harald: Der Sog der Masse. A. a. O., S. 18
[96] Descartes, René (1641): Meditationes de Prima Philosophia/Meditationen über die Erste Philosophie. Lateinisch/deutsch. Übersetzung von G. Schmidt. Ditzingen 1986

sei, da der denkende Mensch an allem zweifeln könne, jedoch nicht an der Tatsache, dass er zweifle – „cogito ergo sum" lautet seine Quintessenz.

Auch wenn u. a. David Hume und Hegel dies wiederum in Zweifel zogen, wurde sein Verfahren zur Erkenntnisgewinnung ein wichtiges Instrument in der Wissenschaft. Im Dienste der Wahrheitsfindung werden dabei Hypothesen und Schlussfolgerungen regelmäßig angezweifelt. Mit kritischem Blick sucht man Lücken und Unstimmigkeiten aufzuspüren, um Setzungen auf ihre Tragfähigkeit hin abzuklopfen. Dieses Vorgehen zielt auf Verifizierung oder Falsifizierung des Postulierten ab. Stimmt es so, wie behauptet, welche weitere Faktoren muss man berücksichtigen, lassen sich unauflösliche Widersprüche nachweisen, die nicht das Wesen des untersuchten Gegenstandes abbilden? Das Hinterfragen wird strategisch eingesetzt, um zu größerer Klarheit zu gelangen. Eine Spirale des Fragens soll sichtbar machen, ob eine Analyse in sich nachvollziehbar und im Ganzen schlüssig ist.

Schöpferische Schwebe

Menschen, die Werke produzieren, in denen Grenzen ausgelotet werden, sind häufig von massiven Selbstzweifeln geplagt. Wenn sie sich auf neues Terrain begeben, sind die Maßstäbe fließend und nicht greifbar. Ob sie etwas umwerfend Bahnbrechendes oder etwas Banales, wenig Kunstvolles in die Welt gesetzt haben, kann manchmal zunächst kaum beurteilt werden, oft am wenigsten von den Schöpfern selbst.

Einer euphorischen Schaffensphase folgt nicht selten eine Ernüchterung, die sogar dazu führen kann, dass Werke in einem Furor des Zweifelns wieder vernichtet werden, bevor sie überhaupt anderen Blicken ausgesetzt wurden.

Wenn man ein Werk herstellt, muss man dem Übergang etwas abgewinnen können. Das zeitweilige Verharren in einer zuweilen auch quälenden Übergangsverfassung ist Bedingung für das Erschaffen eines Dings, das es so noch nicht gegeben hat. Es kann nur im Wechsel zwischen Entschlussfreudigkeit und dem Zulassen von Auflösungserscheinungen entstehen. Indem man dem provisorischen Charakter des Seelischen Rechnung trägt, schält sich eine Gestalt heraus, die etwas Neues in die Welt bringt.

Dazu gilt es, immer wieder Festigkeiten aufzuweichen, Ordnungen auf den Kopf zu stellen, Nebenwege zu gehen und ein scheinbar unproduktives Abschweifen zuzulassen. Dass Konturen zwischendurch verschwimmen, vieles oder sogar alles im Verlauf des Schaffensprozesses zeitweise fragwürdig wird, muss man ertragen. Im Vertrauen darauf, dass es sich dabei um vorübergehende Zustände handelt, die im Sinne des Ganzen dazu beitragen, dass ein notwendiger Reifungsprozess stattfindet, lässt man es geschehen und harrt der weiteren Dinge.

Unauflösliche Widersprüchlichkeit des Seelischen

Heutzutage fällt es den Menschen jedoch nicht leicht, mit Unschärfen und paradoxen Verhältnissen zu leben. Sie hätten es gerne ordentlich sortiert, transparent und einfach, und vor allem geben sie nicht gern Kontrolle aus der Hand. Wer stets Regisseur sein will, sieht ungern unbewusste Mächte am Werk. Eine Psychologie, die das Unbewusste ins Zentrum stellt, wird misstrauisch beäugt oder sogar feindselig entwertet.

Das „kranke" Seelische soll durch rational-kognitive oder pharmazeutische Eingriffe reparierbar sein. Wie für den ungläubigen Thomas in der Bibel zählt nur, was körperlich real fassbar ist. Geduld für längere Prozesse mit offenem Ende besteht kaum. Geradlinig und Ruck-Zuck soll es gehen, ohne Umschweife, ohne Verwicklungen. Zwischenzeitliche Rückschritte, ohne die eine dauerhafte Veränderung gar nicht zustande kommen kann, werden gar nicht gut gelitten.

Holzhammer-Methoden: Kurz und schmerzlos

Verlockend erscheint es, z. B. Depressionen per Internet, ohne Begegnung mit direkten menschlichen Kontakt im Gegenüber, zu behandeln. Die Wirksamkeit wird wissenschaftlich evaluiert und erhält dadurch das heute erforderliche Gütesiegel. Im Handumdrehen werden signifikante Symptomverbesserungen in Aussicht gestellt. Ein neuer profitabler Markt wurde erschlossen.

Mit finanziellen Anreizen versucht man, nur noch kürzeste Therapien durchzusetzen.[97] Was in Baden-Württem-

---

[97] Vgl. dazu die Diskussion, die Prof. Maio, Professor am Institut für Ethik und Geschichte der Medizin der Albert-Ludwigs-Universität Freiburg, 2011 anstieß, der heftig für sein Engagement für eine psychotherapeutische Behandlungs-Kunst, die nicht von Wirtschaftlichkeitskriterien unter-

berg bereits eingeführt wurde, soll bundesweit umgesetzt werden. Für die ersten fünf Sitzungen soll es für mit den Kassen vernetzte Therapeuten im Rahmen der integrierten Versorgung ein deutlich erhöhtes Honorar geben, das, je mehr Sitzungen benötigt werden, sukzessive reduziert wird. Wahrscheinlich hofft man, dass Gier dazu führt, dass Therapeuten die Behandlungen möglichst rasch beenden, um beim Nächsten wieder den vollen Satz kassieren zu können. Kontinuierliche Arbeit bleibt dann Idealisten überlassen, die sich ihr Berufsethos nicht durch wirtschaftliche Interessen austreiben lassen.

Es wundert nicht, dass Ratgeberbücher seit längerem boomen. Sie versprechen, komplexe Zusammenhänge auf einfache, direkt umsetzbare Anweisungen herunterbrechen zu können. Die Handlungsmaximen können nicht schlicht genug sein. Für jedes Problem möchte man ein probates Mittel, um es umgehend abstellen zu können. Die Gesundbetungs- und Selbsthypnose-Formeln müssen nur eingängig genug sein. Das Beste daran ist, dass man alles alleine, ohne auf einen anderen angewiesen zu sein, managen kann. Man braucht sich niemandem zu öffnen und sich keinem Menschen anzuvertrauen. Davor fürchtet man sich am meisten.

---

graben wird, angefeindet wurde: Maio, Giovanni: Verstehen nach Schemata und Vorgaben? Zu den ethischen Grenzen einer Industrialisierung der Psychotherapie:
http://www.bptk.de/fileadmin/user_upload/Publikationen/Psychotherapeutenjournale/2011/201102/20110615_maio_ptj-02-2011.pdf und Leserbriefe:
http://www.bptk.de/fileadmin/user_upload/Publikationen/Psychotherapeutenjournale/2011/201103/20110921_diskussion_ptj-03-2011.pdf

Das Seelische ist jedoch alles andere als eindimensional. Der Terminus der Ambivalenz fasst diese strukturelle Doppelheit. In der Psyche ist es möglich, zugleich zu hassen und zu lieben, ja und nein gleichzeitig zu sagen, bewusst etwas zu tun und unbewusst gegenteilig zu agieren. Diese verwirrenden Verhältnisse lassen sich nicht für Geld und gute Worte aus der Welt schaffen. Unentschiedenheit führt diese grundlegende Psychodynamik besonders vor Augen, die prinzipiell immer am Werk ist, allerdings ohne dass wir uns dessen in der Regel gewahr werden. Da es im Seelischen keine Rechnungen ohne Überschuss gibt, ist Weiterentwicklung garantiert. Immer bleibt etwas, das in unseren Gestaltungen unberücksichtigt werden musste, aber weiterhin darauf drängt, einbezogen und anverwandelt zu werden. Wenn wir uns für etwas entscheiden, tun wir kurzfristig so, als sei die Angelegenheit sonnenklar. Wir runden auf und lassen Fünfe gerade sein – und können dadurch, dass wir über noch verbleibende Restbedenken hinweggehen, zielstrebig handeln.

6. Etwas tun!

In unsicheren Zeiten erwachen Menschen aus lethargischen Zuständen und fragen sich, ob sie nicht etwas tun könnten, um Abhilfe zu schaffen. Die allgegenwärtige Krise erzeugt zum einen den Wunsch, irgendetwas zu machen, auch wenn man nicht recht weiß, was denn nun zu tun wäre. Zum anderen setzt sie Fluchtbewegungen in Gang; man möchte nichts mehr von all dem Bedrohlichen hören und sehen und würde die Medien am liebsten ganz ausschalten. Nach dem Motto „was ich nicht weiß, macht mich nicht heiß" versucht man, Beunruhigungen auszublenden. Ermüdungserscheinungen treten auf, wenn täglich von unvorstellbar hohen Schulden, drohenden Bankrotterklärungen und Rettungsschirmen, die nicht mehr greifen, die Rede ist. Es vergeht kaum noch ein Tag, an dem nicht vor der „absoluten Katastrophe"[98] gewarnt wird.

In der Idylle eines geordneten, übersichtlichen Halts versuchen sie, die Krise auszusitzen. Es wird schon nicht so schlimm kommen, wie prophezeit wird, trösten sie sich selbst. Die Unkenrufe redeten die Angst überhaupt erst herbei, versuchen sie sich Mut zu machen. Wenn im Alltag noch nicht übermäßig viel von dem großen Crash zu spüren ist, erscheint er ganz weit weg, wie irreal. Das Empfinden von Ohnmacht lässt Untergangsszenarien aufscheinen, die panisch zu machen drohen.

---

[98] S. Sievers, Markus: OECD warnt vor einer Katastrophe: In: Kölner Stadt-Anzeiger vom 29.11.11, Nr. 277, S. 2

Die sogenannte „Generation Biedermeier"[99] ist, wie eine große Jugendstudie des Rheingold-Instituts diagnostiziert hat, durch eine ausgeprägte Sehnsucht nach Stabilität in den als brüchig erlebten Familien- und Weltzusammenhängen gekennzeichnet. Generell suchen die Menschen angesichts von Auflösungserscheinungen Beständigkeit und besinnen sich auf verschüttete Fertigkeiten, in denen sie in einem überschaubaren Radius aktiv sein und sich an kleinen Erfolgserlebnissen freuen können.

Do it yourself

Da sich das Globale ihrem Zugriff entzieht und sie sich nicht zutrauen, etwas an den Missständen ändern zu können, konzentrieren sie zunächst ihre Eingriffsbemühungen auf den unmittelbaren Lebenskreis. In ihren vier Wänden und im näheren Umfeld entdecken sie gerade alle möglichen Formen der Hand-Arbeit wieder: Sie stricken und basteln, gärtnern und kochen, sammeln Pilze, Beeren und andere gemeinfreie Früchte (wo herrenlose Obstbäume zum Mundraub einladen, wird im Internet publik gemacht), machen Obst und Gemüse ein, renovieren und heimwerkeln, machen sich ihre Seife und Zahnpasta selbst. Einige sind stolz, alles, was sie im Verlauf eines Tages benötigen, eigenhändig hergestellt zu haben. In überschaubaren, meist nicht zu an-

---

[99] S. Studie zur Jugendkultur des Rheingold-Instituts.
http://www.rheingold-online.de/veroeffentlichungen/artikel/Jugend studie_2010_-_Die_Absturz-Panik_der_Generation_Biedermeier_.html

spruchsvollen Projekten vergewissern sie sich ihrer Handlungsfähigkeit. Nicht jeder Schritt muss richtig sein; kleine Fehler sind erlaubt und gewollt, da sie angesichts der Werk-Vorlagen Individualität ermöglichen.

Gestaltungshoheit

In der Renaissance des Selbstgemachten kommt der Drang, etwas zu gestalten, zum Ausdruck. Wenn man am großen Ganzen kaum etwas ändern kann, will man wenigstens in Haus und Garten, auf dem Balkon und auf öffentlichen Plätzen in Form von Urban Gardening Farbe reinbringen und das Triste daraus vertreiben. „Stricken für eine buntere Welt" ist das Motto mit dem Yarn Bombing, Guerilla Knitting, Yarn Stroming, Knitting Graffiti und Yarnarchism, wie sich diese Gruppierungen selbst titulieren, sich aus dem Wohnzimmer herauswagen und Poller, Zäune oder Telefonzellen umstricken. Selbstbewusst gibt man sich im Netz auf derartigen Webseiten Namen, die das wiederentdeckte Spießige nicht verhehlen.

Was tun? Es fehlt an Visionen.

Einige aktuelle Werbespots der Baumarkt-Kette Hornbach bilden in humorigen bis kunstvoll verrückt überdrehten Bildern den Zeitgeist ab, indem sie zeigen, wie abgeschlaffte Menschen sich zu enormer Tatkraft animieren. Depressiv starren sie zunächst ins Leere, bis sie durch ein religiös anmutendes Erleuchtungserlebnis in euphorischem Furor ins Handeln kommen. Sie heben massive Baumstümpfe kraftprotzmäßig mit links und formieren sich in einem ekstatischen Gruppenerlebnis durch Luftsprünge zu einem Baum.

Der Slogan spornt dazu an, über sich hinauszuwachsen – was jedoch im bloßen Kopieren der Natur wie ein alberner Gag großer Jungs erscheint. Es wird zwar als spaßig, aber auch als Anmaßung und Kinderei zugleich erlebt. Das Übersich-Hinauswachsen erschöpft sich im Demonstrieren, dass man das vermeintlich Unmögliche bewerkstelligen kann. Im Making-Off-Film[100] kann man Zeuge des Aufbaus der Metallkonstruktion in Form eines Baumes werden, an den die Protagonisten sich im Werbefilm anklammern. Die Realisierung des Aberwitzigen ist trickreich vorgegaukelt.

Angesichts der in der weltkritischen Situation anstehenden Aufgaben wird der Irrwitz deutlich. Kann man so über sich hinauswachsen? Wenn die Gesellschaft keine Bilder und Visionen bietet, droht die für Veränderungen notwendige Energie in Guinessbuch- und anderen Rekorden verpulvert zu werden.

All-Macht

Wie eine Analyse der psychologischen Struktur von Baumärkten zeigte, nähren sie Illusionen von Grandiosität, indem sie suggerieren, dass man alles ganz leicht selber ma-

---

[100] http://www.youtube.com/watch?v=Ka5EglpqbVg&feature=related

chen könnte[101]. Man fühlt sich als Weltenschöpfer, stattet sich mit zahlreichen Ausrüstungsgegenständen aus, fängt an und führt das Werk nicht unbedingt zu Ende. Es harrt der Vervollständigung, die jedoch gefürchtet wird, da die erschaffene Wirklichkeit nicht unbedingt deckungsgleich mit den idealen Vorstellungen ist. So ruht Halbfertiges, aus dem vielleicht noch potenziell ein irgendwann realisiertes Bilderbuch-Projekt werden könnte.

Diesen strukturellen Zug, der Handlungslähmungen kennzeichnet, griff ein Spot auf, in dem das unvollendete Badezimmer einen Mann auf all seinen Wegen verfolgt. Selbst in der Straßenbahn kann er der Mahnung, das Angefangene endlich abzuschließen, nicht entkommen. Wanne, Waschbecken und anderes Badezimmerzubehör laufen, ineinander verknäult, in beängstigender Weise neben der Bahn her, die To-Do-Listen symbolisierend, die Zauderer, wie eingehend beschrieben, permanent präsent haben. „Mach es fertig, bevor es dich fertig macht" lautet die Botschaft des Spots.

Dass eine Baumarktkette, die nur mit dem Preis wirbt und das Praktikable ins Zentrum rückt, rote Zahlen schreibt, verwundert kaum. Es genügt nicht, Heimwerkmaterialien paratzustellen – man muss auch ein Bild liefern, das die Allmachtsfantasien bedient, um in diesem Metier erfolgreich sein zu können.

---

[101] S. zur psychologischen Baumarkt-Konstruktion auch: Becker, Gloria: Kontrolle und Macht. A. a. O., S. 142

Jede Veränderung braucht einen Anfang

In einem anderen Hornbach-Spot haben die Menschen sogar ganz verlernt, ihre Hände einzusetzen. Das Essen schlürfen sie nur noch mit Strohhalmen; sie können auch keinen Ball mehr fangen oder ein Buch umblättern. Erst eine überdimensionale Walnuss, die im verfallenen Dorf vom Himmel fällt, bringt Bewegung in die Erstarrung. Mit endlosen Theorien und Plänen, wie diese verwirrende Störung zu beseitigen sei, den üblichen Methoden der Zweifelsüchtigen, kommt man nicht weiter.

Da bricht ein Stück aus der Nuss heraus und gibt eine Lücke frei. In Anlehnung an die Bibelszene, in der Moses auf dem Berg Sinai die Gesetzestafeln entgegennimmt, birgt ein Mann aus der schlitzartigen Öffnung einen großen Hammer. Mit einem gewaltigen Urschrei schwenkt er ihn und zieht bald eine große Gefolgschaft nach sich. Mit allerlei Handwerkszeug, Eimern und Leitern ausgestattet, erwachen die passiv Vor-sich-hin-Dümpelnden zum Leben. Begeistert lernen die Gehandicapten wieder den Gebrauch ihrer Hände. „Alle legten los", wird erzählt. Das Dorf wird verschönert; das deprimierende Grau weicht knalligen Farben. Selbst ein Ferkel kann dem Renovierungsübermut nicht entkommen und muss nun blau durch die Welt laufen. „Plötzlich ging alles", der omnipotenten Logik gemäß, lautet ein Untertitel. „Man muss einfach nur mal anfangen", heißt es am Ende des Spots.

Makulatur

Diese moderne Version einer Schöpfungsgeschichte kanalisiert den Wandlungswillen, indem sie das Tun aufs Verschönern des Ambientes reduziert. Dass Dekoratives die allgemeine Aufbruchstimmung in Bahnen lenkt und nicht unbedingt durchgreifend etwas ändert, scheint im Schlussbild des Spots auf: Der Kommentator tritt von der Wand zurück – die neue frische Farbe hat seine Konturen ausgespart und entlarvt dadurch, dass man bloß um ihn herum gemalt hat. Dieses Prinzip ist altbekannt: das Unschöne wird nur unter den Teppich gekehrt – die Fassade sieht ansehnlich aus. Erst wenn man etwas verrückt, kommen die unangetasteten Reste zutage.

Mit Liebe bei der Sache

Leidenschaft kann ein Motor sein, Dinge anzugehen und beharrlich, allen Widerständen zum Trotz, dranzubleiben. Vor einigen Jahren hat die Werbung in den gegenwärtig gefühlskälteren Zeiten die Liebe entdeckt. Seitdem lieben wir „es", Mc Donald`s, Lebensmittel, Kino, Fliegen!!!, Wimperntusche etc. Auch die Hornbach-Werbung hat dieses zugkräftige Thema aufgegriffen. Eine Reihe von Hornbach-Spots handelten davon, dass es Herzblut braucht, um Dinge bewegen zu können. Zu archaischer, sich steigernder Musik pulsieren dort Herzen, wo Menschen Eigenbau- und Renovierungs-Projekte betreiben. So blutig wie diese Leidenschaft ins Bild gerückt wird, wollen die Menschen das Lieben jedoch nicht haben. Man muss an das herausgerissene Herz aus Maya-Kulten denken; der fließende Blutkreislauf lässt ein tödliches Verbluten befürchten. Abgestoßen und gebannt davon, nimmt man die Heimwerkel-Aktionen kaum noch wahr.

Rote Herzen, wie sie üblicherweise symbolisiert verwendet werden, wirken harmloser, weil sie die aggressive Seite aussparen. Bestenfalls wird Aggression in Form eines Amor-Pfeils zugelassen, der auch Herzschmerz versinnlichen darf. Die Nähe zum Kitsch resultiert aus der Ausblendung der hässlichen Kehrseite der Liebe.

Baumarkt-Spots hatten vor einigen Jahren die Aggression aus der Verdrängungs-Versenkung geholt. Unverhohlen wurden Todeswünsche und Rachetendenzen in heftigem, makabrem Humor darin ausgelebt. Die Gegenwartskultur tut sich schwer damit, ein Maß zu finden, in dem Aggression konstruktiv gelebt werden kann. Diese staut sich an und steht kurz davor, sich ungebändigt Bahn zu brechen. Umso beängstigender wirkt sie auf diese Weise. Im Dienste der Angelegenheiten, die einem am Herzen liegen, kann sie jedoch Kraft und Durchhaltevermögen bereitstellen, um Veränderungsprozesse in Gang bringen zu können. Wer sich seiner Aggression beraubt, hemmt seinen Tatendrang. Das Symptom der Depression, an dem unsere Kultur zunehmend krankt, basiert auf diesem autoaggressiven Mechanismus, der antriebsschwach macht und ein Handeln blockiert.

Zupackendes

Wie sich die Menschen in der jüngsten Vergangenheit damit schwergetan haben, klar Position zu beziehen, hat Wilhelm Salber in dem Begriff der Auskuppelkultur[102] zu fassen gesucht. Die Neigung, auf möglichst vielen, tendenziell auf allen, Hochzeiten tanzen zu wollen und nicht Farbe zu bekennen, erzeugte Beliebigkeit und eine Inflation der Bilder. Im Wechselfieber, bei dem man mal so, mal so sein konnte, ohne sich eine abgegrenzte Gestalt geben zu müssen, lösten sich Richtung und Kontur auf. Diese Entwicklung hat zunehmend ein Leiden produziert, das eine Gegenbewegung auf den Plan ruft. Man ist des Lavierens und unentschiedenen Taktierens langsam müde.

Yes or no

Die aktuelle Marlboro-Werbung greift auf Plakatwänden diesen wachsenden Tatendurst auf, indem sie zu Entschiedenheit animiert: In großen Lettern streicht sie auf Werbeplakaten im Maybe das „may" durch, stellt „yes or no", „left or right" gegenüber, postuliert, dass „Maybe never wins", oder fordert „Don´t be a maybe – just be". In einem rasant geschnittenen Kino-Spot erklären große Lettern, dass „Maybe" nicht lieben kann und auch keine Stadt zu erbauen ver-

---

[102] Salber, Wilhelm: Seelenrevolution. Bonn 1993, S. 184-193 und derselbe: Die ausgekuppelte Kultur. Ein Interview mit Wilhelm Salber über Zustand und Entwicklungen der Kultur. In: Zwischenschritte, 1/1999, S. 7-13

mag. „Maybe never makes decision" und „to hell with maybe", heißt es darin.

Nachdem die Variationen des Maybe-Slogans auf den ersten Blick interessant und rätselhaft anmuten, beginnt man sich darüber zu ärgern, wenn klar wird, dass (nur) eine Zigarettenmarke damit beworben wird. Eine Ernüchterung tritt, wie bereits dargelegt, dadurch ein, dass eine kulturelle Strömung auf eine Kaufentscheidung für eine Zigarettenmarke reduziert wird.

Seit den unübersehbaren Warnhinweisen mit der obligatorischen Mahnung an ihre potenziell tödliche Wirkung vergegenwärtigen Zigaretten die beängstigende Endlichkeit des Lebens. Man assoziiert Sein oder Nichtsein (to be or not to be) mit erschreckenden Konnotationen. Das Zögern und Zweifeln kann paradoxerweise auf diesem Wege im Gegenteil sogar verstärkt werden und letztlich dazu führen, dass man erst recht nicht kauft.

Das Spielen auf der Klaviatur der Psyche ist eine Gratwanderung. Es fehlt manchmal nicht viel, und die beabsichtigte Wirkung kippt und ruft nicht intendierte Effekte hervor. Klingen Züge an, die in ihrem Zusammenspiel zu einer Handlungslähmung führen können, wie sie eingehend beschrieben wurden, wie z. B. übermäßige Gier, Schuld, Ambivalenz, droht dies unbewusste Abwehr-Mechanismen zu aktivieren, die eine angestrebte Kaufhandlung torpedieren. Deshalb ist eine Untersuchung mit Tiefeninterviews und anderen Instrumenten, die Unbewusstem auf die Schliche kommen, unumgänglich, um zu erfahren, was man im Marketing auf den Weg bringt. Eine Tendenz zu pädagogischen Eingriffen in der Werbung, die sich beispielsweise in der letzten Zeit vermehrt beobachten lässt, kann dann leicht auf Widerstand stoßen, der sich gegen die Marke richtet.

Empört euch!

Manchmal ist es schwieriger, zu wissen, was man will, als sich zweifellos klarzumachen, was man nicht will. Es dauert in der Regel eine Weile, bis ein Pegel erreicht ist, der ein Fass zum Überlaufen bringt, doch dann wird bewusst: So soll es auf keinen Fall weitergehen! Wenn die Frustrationstoleranz hoch und die Geduld endlos ist, muss einiges geschehen, bis es definitiv genug ist. Eine Trägheitstendenz sorgt dafür, dass man sich im Status Quo einrichtet und nicht so schnell gewillt ist, etwas Vertrautes aufzugeben. Nicht selten fehlt es auch an Zivilcourage, um auf das zu zeigen, was man als nicht stimmig erlebt. Man befürchtet Sanktionen und Ausgrenzung.

Ein dünnes Büchlein mit dem Titel „Empört euch!" brachte ein aktuelles Grundgefühl auf eine einprägsame Formel mit imperativem Charakter. Das vierzehnseitige zornige Pamphlet endet mit dem Satz: „Neues schaffen heißt, Widerstand leisten. Widerstand leisten heißt, Neues schaffen"[103]. Auch wenn der Inhalt des Essays nicht unumstritten ist – die Parole traf den Nerv der Zeit. Eine Portion Zorn kann zwar helfen, sich aufzuraffen, doch sollte sie nicht blind machen. Not tut, trotz Groll den klaren Verstand nicht zu verlieren, beim Namen zu nennen, was nicht tragbar erscheint, und

---

[103] Hessel, Stéphane: Empört euch! (2010), Berlin 2011

gemeinsam an einem Entwurf zu arbeiten, wie andere Problemlösungen aussehen könnten. Es reicht nicht, bloß dagegen zu sein, ohne über Alternativen nachzudenken.

Nach einer Zeit der Politikverdrossenheit, in der man seiner Bürgerpflicht bestenfalls beim Urnengang nachkam und sich angesichts der kaum noch auszumachenden Unterschiede zwischen den politischen Lagern immer schwerer damit tat, überhaupt eine Wahl zu treffen, lässt sich heute bei einem Teil der Bevölkerung ein zunehmendes Interesse beobachten, aktiv auf staatliche Prozesse einzuwirken. Einige wollen mehr tun, als nur ihr Kreuzchen auf dem Wahlzettel zu machen.

Glaube und Zweifel

Die Hoffnung, durch einen Regierungswechsel eine Kehrtwende herbeizuführen, bewirkt zwar, dass Regierungen abtreten oder dass Gegenkandidaten mit zuletzt selten erlebter großer tragender Mehrheit gewählt werden, doch besteht weiterhin Skepsis, ob solch ein Führungswechsel ausreicht, um durchgreifend etwas zu verändern. Misstrauen macht sich breit, ob die Macht in den Händen kompetenter Menschen liegt, die vor allem das Gemeinwohl im Sinn haben. Die Politiker bemühen sich auch kaum, den Menschen durch direkte Ansprache und durch ein entschiedenes, nachvollziehbares und nicht wendehalsmäßiges Handeln wieder Grund zu geben, dass sie darauf vertrauen können, hinreichend gut regiert zu werden.

Es zeigt sich, wie sehr Vertrauen die tragende Grundlage des Gemeinwesens ist. Wenn auch die Banken einander misstrauen, legt sich der Betrieb lahm und gefährdet die Weltwirtschaft im Ganzen. Der Zweifel wird elementar und generalisiert. Da fast täglich offenbar wird, wie irgendwelche Verfehlungen von Menschen an den Zentren der Macht lange unter den Tisch gekehrt wurden, bis das nicht mehr zu Leugnende in Salamitaktik eingeräumt wird, wird der Glaube an den Wahrheitsgehalt von Unschuldsbekenntnissen tiefgreifend erschüttert.

Dass Glaube und Zweifel als Begriffspaar aufeinander bezogen sind, ist nicht nur im religiösen Kontext offenkundig. Das Motiv des ungläubigen Thomas, der sich erst leibhaftig überzeugen muss, was wirklich gegeben ist, bringt dieses Verhältnis zum Ausdruck. Politik lebt von einem Vertrauensvorschuss, indem man darauf baut, in der nächsten Legislaturperiode von denjenigen, für die man votiert, gut vertreten zu sein.

In dem Maße, in dem fast täglich öffentlich Gier, Eitelkeit, Machthunger und starke Eigeninteressen zutage treten, kommen vermehrt Bedenken auf, wie fähig und integer die Akteure tatsächlich sind. Bestechlichkeit, Seilschaften und Vetternwirtschaft unterhöhlen nicht nur Dritte-Welt-Staaten. Es wird zudem immer schwieriger, auf globaler Ebene gemeinsam zu agieren, wie die Euro-Problematik täglich zeigt. Nationale Interessen stehen dem großen Ganzen entgegen. Irgendeiner stellt sich immer quer. Obwohl sich mit zunehmender Macht die Erkenntnis aufdrängt, dass es sinnvoll wäre, an einem Strang zu ziehen, mag man keine gravierenden Opfer für das Ganze bringen. Sloterdijk[104] hat in seinem Buch „Du musst dein Leben ändern" die Dringlichkeit dargestellt, angesichts globaler Krisen, bei denen es ums Überleben geht, die Egoismen der Nationen und Unternehmen zurückzustellen. „Nur in einem Horizont universaler kooperativer Askesen" ließen sich „gemeinsame Lebensinteressen höchster Stufe" verwirklichen[105]. Aus der Sorge um das Ganze erwächst die Einsicht, dass es so nicht weitergehen kann[106].

Macht kommt von Machen

Nachdem man „die da oben" lange einfach machen ließ, werden nun vermehrt wieder Fragen gestellt. Kann Marktwirtschaft in der Tat nur bei Wachstum funktionieren? Wo führt das unbegrenzte Wachstum hin? Vermag Nachhaltigkeit – seit geraumer Zeit ein gern benutztes Wort, das zur Floskel zu verkommen droht – dem wirkungsvoll etwas entgegensetzen? Wie sehr durchschauen die Politiker überhaupt die komplexen Zusammenhänge? Sind sie durch ihr kraftzehrendes tägliches Mammutprogramm trotz Beraterstab imstande, sich ein adäquates Bild zu machen, um auf dieser Basis klug und umsichtig zu entscheiden? Kann dem vielleicht eine Regierung der Fachleute, wie in Italien, abhelfen? Oder regiert dann Technokratie? Geht es nur noch um Feu-

---

[104] Sloterdijk, Peter: Du musst dein Leben ändern. A. a. O.
[105] Ebenda, S. 713
[106] Ebenda, S. 699

erwehraktionen in großer Eile, bei denen man kleinere und größere Übel in Kauf nehmen muss, um das Schlimmste zu verhüten? Werden wirklich durchgreifend andere Weichenstellungen eingeleitet oder wird nur halbherzig operiert, um zu beruhigen?

Diese Themen treiben die Menschen heute um. Fragen über Fragen, die gestellt werden, um sich ein Bild zu machen, was machbar ist. Zweifeln und Handeln könnten sich gut ergänzen. Dazu bedarf es des Einblicks in das Gegebene, um zu prüfen, worauf man bauen kann und was und wie es zu ändern wäre. Sonst operiert man ins Bodenlose hinein.

Angela Merkels vielsagende Worte: „Wir haben angstfrei mit den Banken geredet", offenbaren die Umkehrung von Machtverhältnissen. Der Kapitalismus ist zum Souverän geworden. Vogl hat anhand der Geschichte der Marktwirtschaft aufgezeigt, wie das gegenwärtige Weltwirtschaftssystem sich von der Realwirtschaft entfernt hat und zunehmend ein Eigenleben führt. Es bekommt „Angst vor sich selbst"[107].

Diese Angst kommt zunehmend im täglichen Leben der Menschen an, die auf die Straße gehen, um ihren Unmut öffentlich zu äußern, weil sie sich vor dem fürchten, was werden wird. Die Schuldenberge, die an die Zerbrechlichkeit eines Status Quo von Wohlstand und Sicherheit gemahnen, sowie die Auswirkungen des Klimawandels versinnbildlichen, dass sowohl Handeln als auch Nichthandeln gravierende Folgen haben können. Was heute geschieht oder unterlassen wird, wirkt in beunruhigender Weise in die Zukunft hinein. In ihrem Alltag spüren die Menschen inzwi-

---

[107] Vogl, Joseph: Das Gespenst des Kapitals. A. a. O., S. 177

schen mehr und mehr die Auswirkungen dieser übergreifenden globalen Prozesse und einige von ihnen begehren dagegen auf, nur hinzunehmen, was andere verantworten. Lange haben sie passiv zugeschaut, wie hilflos ihre Regierungen operieren, wie ungehemmt das Bankenwesen weiter seinen riskanten Geschäften nachgehen kann und wie wenig es für seine Fehler zahlen muss. Sie besinnen sich auf basisdemokratische Grundprinzipien, vereinigen sich in Bürgerinitiativen, versuchen, sich zu organisieren, und wollen stärker an der Macht teilhaben, um etwas mobilisieren zu können.

Die Macht des Volkes

Im Juli 2011 brachten viele Menschen in Israel im Protest-Camp ihre massive Unzufriedenheit mit dem politischen System ihres Landes zum Ausdruck. Überwiegend junge Leute zwischen 18 und 35 Jahren berieten in „Autonomen Führungskomitees", wie sie ihren Forderungen mehr Nachdruck verleihen könnten. Wochenlang zelteten sie auf der Prachtstraße Tel Avivs, ließen sich dafür von ihren Jobs freistellen und boykottierten Hüttenkäse, das Grundnahrungsmittel der Nation. Auf diese Weise vermitteln die aufbegehrenden Menschen, wie sie vereint stark sein können. In ihren Sit-Ins bewegen sie sich nicht vom Ort, um paradoxerweise etwas zu bewegen.

Nachdem die Aufstände in der arabischen Welt einen Umsturz bewirken konnten, schöpfen die Menschen Mut, dass sie sich mit ihren Anliegen Gehör verschaffen und politisch einwirken können. In Spanien folgte man dem Vorbild und prangerte die soziale Misere an, die gegenwärtig der Jugend bei erschreckenden 45,8% Arbeitslosigkeit die Zukunft verwehren. Die immer weiter auseinanderklaffende Schere zwischen Arm und Reich erzeugt eine ohnmächtige Wut. Recht und Gerechtigkeit werden zu einem besonderen Anliegen. Trotz der Gefahr, inhaftiert zu werden und Repressalien zu erleiden, gehen Hunderttausende in Russland auf die Straße, um Manipulationen bei der Parlaments- und Präsidentenwahl anzuprangern und Neuwahlen zu fordern.

Kalle Lasn hatte in seinem AdBusters-Magazin zu sogenannten „Culture Jammings" aufgerufen, um gewohnte Abläufe kreativ zu stören und „einen weichen Regimewandel"[108] anzustoßen. Daraus ist am 17. September 2011 die Occupy-Bewegung hervorgegangen, die sich von New Yorks Wall Street aus in vielen Ländern ausbreitete. Ihr Slogan „Wir sind die 99 Prozent" sollte signalisieren, dass eine breite Mehrheit hinter ihnen stehe, für die sie stellvertretend aktiv seien.

Sie wollten ohne personalisierte Führungsgestalt und ohne Hierarchie operieren und versteckten sich zu Beginn hinter der Guy-Fawkes-Maske in der von David Lloyd gezeichneten Gestalt aus der graphischen Novelle „V wie Vendetta" (1982, verfilmt 2005). Diese bildet einen Revolutionär ab, der 1605 versuchte, das englische Parlament in die Luft zu sprengen, und war bereits Markenzeichen der Hacker-Organisation „Anonymous".

---

[108] Kalle Lasn im Interview mit Sebastian Moll: Das wird eine Generation prägen. In: Kölner Stadt-Anzeiger vom 26. Oktober 2011, S. 23

Erstaunlich reibungslos klappte die Organisation, die akribisch darauf achtete, Anordnungen der Feuerwehr bezüglich des Mindestabstands der Zelte einzuhalten. Die Aufstellung von Dixi-Klos und Funknetzwerken, Erste-Hilfe-Bereichen, Infozentrale, einer Kantine, die bis zu 2000 Essen täglich ausgeben konnte, Open-Air-Bibliothek u. a. wurde professionell geregelt. Erfahrungen von Attac-, Oxfam-, Greenpeace- und anderen Aktivisten konnte man sich zunutze machen.

Aktivisten.com

Im Internet wurde rund um die Uhr per Livestream dokumentiert, was gerade ablief. Die Internetgeneration vernetzt sich via Twitter, Facebook und SMS in Millisekunden. Handys zeichnen das Geschehen auf, um es zu bezeugen, und stellen die Videos bei YouTube ein. Übersetzer der Webseiten in viele Sprachen der Welt wurden gesucht, um noch mehr Menschen zu erreichen. In Blogs diskutierte man politische Alternativkonzepte, u. a. Formen direkter Demokratie per Wikiparlament. Man forderte Aufklärung über die Lobbys, die auf die politischen Repräsentanten und auf deren Klima- und Gesundheitspolitik Einfluss nehmen. Netzwerke versuchten, diese verborgenen Machtstrukturen transparent zu machen[109].

---

[109] S. Maak, Niklas: Mehr Occupy wagen. In: Frankfurter Allgemeine Sonntagszeitung. Nr. 1 vom 8. Januar 2012, S. 19-20

Der Kultursoziologe Mark Greif[110], der die Occupy-Bewegung von Anfang an begleitete, betont, dass die Erfahrung der unmittelbaren Begegnung dabei zentral ist. Eine Erfahrung, die im digitalisierten Leben immer mehr in den Hintergrund tritt. Im Sinn von Hannah Arendt, glaubt er, „dass dort, wo Menschen zusammenkommen, zwangsläufig etwas Neues passiert."[111] Persönliche Teilhabe sowie die Erfahrung, dass es andere Leute gibt, die sich ebenso von den Regierungen nicht repräsentiert fühlen und eine ähnliche Grundhaltung haben, trägt diese Bewegung. An Hochhäuser projizierte Maximen und Zeilen zum Skandieren in riesengroßen Lettern sollten das Wir-Gefühl stärken. Eine geballte Faust, traditionelles Symbol aus anderen Revolutionen, verkörpert den empörten Geist des zivilen Ungehorsams.

Mit gemischten Gefühlen nimmt man dieses Einschwören auf, sich an beängstigende historische massenpsychologische Beeinflussungsstrategien erinnernd. Grundsätzliche Fragen danach, wie sich Einheitsbildung seelisch vollzieht, drängen sich auf. Welche Bedeutung haben Feindbilder dabei? Sloterdijk gemahnt daran, dass die gegenwärtige Weltlage „verlangt, über sämtliche bisherigen Unterscheidungen von Eigenem und Fremdem hinauszugehen." Klassische Unterscheidungen zwischen Freund und Feind produzierten

---

[110] Greif, Mark: Vielleicht war die Apokalypse ja schon da. Interview im Kölner Stadt-Anzeiger vom 4. Januar 2012, S. 21
[111] Ebenda. S. a.: Gessen, Keith; Taylor, Astra; Greif, Mark; Blumenkranz, Carla; Glazek, Christopher; Leonard, Sarah; Ross, Kathleen; Sayal, Nikil; Schmitt, Eli (Hg.): Occupy! Die ersten Wochen in New York. Eine Dokumentation, Berlin 2011

„Immunverluste nicht nur für andere, sondern auch für sich selbst."[112]

Auf Generalversammlungen nach spanischem Vorbild der Asambleas, die auf dem Platz Puerta del Sol in Madrid abgehalten wurden, durfte jeder sagen, was er wollte. Rednerlisten und festgelegte Redezeiten stellten einen Rahmen, der die Gefahr des Uferlosen und von Personality-Shows bannte. Auch ohne Mikrofon verstand man es, die Stimmen zu verstärken; wie in einem griechischen Chor wiederholte die Menge jeweils einen halben Satz, sodass auch weit hinten gehört werden konnte, was einer vorne sagte. „People`s mic" (von microphone) nannten sie dieses uralte Kommunikationsmittel. Sie verständigten sich mit den Händen – hielten die Hände in die Höhe, wenn sie zustimmten, und verschränken sie vor dem Gesicht, wenn sie dagegen waren. Da nur absolute Mehrheiten akzeptiert wurden, konnte es lange dauern, bis alle einer Meinung waren. Einhellig waren sie gegen Gewalt und gegen Anführer.

Demokratie lässt Zweifel zu

Reste, die weiter beunruhigen, soll es bei Einstimmigkeit nicht geben. Es kann schwierig werden, stets einen kleinsten gemeinsamen Nenner zu finden, der dann nur grob und allgemein sein kann. In Detailfragen wird man kaum einer Meinung sein können. Achtsam sollte man im Auge behalten, dass sich aus der Protestbewegung kein neuer Main-

---

[112] Sloterdijk, Peter: Du musst dein Leben ändern. A. a. O., S. 713

stream in Form einer Diktatur der Anarchie entwickelt, der Andersdenkenden kaum mehr Raum zubilligt. Die 99% sind schon nah dran, 100% für sich zu beanspruchen. Nur eine fast zu vernachlässigende Randgruppe, die nicht konform geht, wird vorausgesetzt. Demokratie bedeutet, auch Minderheiten einen Platz zuzubilligen und in Pluralität und Mehrstimmigkeit ein schöpferisches Potenzial zu sehen. Sobald Vetos und ein Restzweifel nicht mehr opportun sind und Widerworte nicht mehr toleriert werden, droht Vorstellungsfixierung bis zum Dogmatismus, Fanatismus, und Fundamentalismus.

Martenstein fürchtet sich vor einer direkteren Volksherrschaft, da das Volk ein „launischer, dummer und gefährlicher Herrscher sein könnte."[113] Herrschen nur die, die sich sicher im Netz bewegen, bleibt ein großer Erfahrungsschatz derjenigen, die nicht permanent online sind, unberücksichtigt. Auch der Historiker Heinrich August Winkler[114] sieht die Gefahr, dass auf Bundesebene geforderte Plebiszite, bei der ein Fünftel der Wahlberechtigten ausreichen sollen, um einen Volksentscheid auf den Weg zu bringen, der „Vorherrschaft besonders aktiver, gut vernetzter Minderheiten den Weg" ebnen würden. Wenn Volksentscheide oder Petitionen nur diejenigen zur Stellungnahme bzw. Unterschrift erreichen, die organisiert und über diese Initiative informiert sind, bilden sie nicht unbedingt eine Mehrheitsmeinung ab.

---

[113] Martenstein, Harald: Der Sog der Masse. A. a. O., S. 18
[114] Winkler, Heinrich August: Was ist das überhaupt: *der Westen?* Interview in: Die Literarische Welt. Beilage der Welt, vom 8. Oktober 2011, Nr. 40, S. 1

Winkler verbindet sein Plädoyer für die repräsentative Demokratie mit der Forderung nach radikaler Selbstkritik. Konstruktives Anzweifeln von Festlegungen und deklarierten „Wahrheiten" hilft klären, was Bestand hat und was einer Revision zu unterziehen wäre.

Wie wirksam diese basisdemokratischen Aktivitäten sein werden, wird sich erweisen. In den Wintermonaten ist es stiller geworden um die Aktivisten, die bei frostigen Temperaturen nicht mehr öffentlich campieren. Räumungen, Festnahmen und Strafandrohungen sollen sie einschüchtern. Es wäre zu wünschen, dass ihre Demonstrations-Wirkung nicht nach kurzer Zeit verpufft, sondern eindringlich die Menschen an den Schalthebeln daran erinnert, dass sie vom Volk gewählt sind und ihre Macht nur auf Zeit haben. Demokratie ist ein schützenswertes Gut. Es steht an, Visionen und Konzepte auf der Grundlage von Menschenrechten, einer freiheitlichen Grundordnung und einer sozialen Marktwirtschaft für Verhältnisse zu entwickeln, die historisch so neuartig sind, dass es keine Musterbeispiele dafür gibt, wie man gut und auch für folgende Generationen verantwortlich damit umgeht.

Literaturverzeichnis

Adler, Alfred: Zwangsneurose (1931). In: Adler, Alfred: Psychotherapie und Erziehung. Ausgewählte Aufsätze. Bd. II. 1939-1932. Frankfurt/M. 1982, S. 85-105

Asch, Solomon E. (1956): Studies of independence and conformity: I. A minority of one against a unanimous majority. In: Psychological Monographs, 70(9), 1–70

Bartholomäi-Post, Doris: Psychologische Untersuchung über das Verhältnis von Glücksspiel und Alltag. Unveröffentl. Diplomarbeit. Köln 1987

Becker, Gloria: Kontrolle und Macht. Psychologische Analysen unserer märchenhaften Wirklichkeit (2009). Bonn ²2010

– Liebe und Verrat. Psychologische Analysen unserer märchenhaften Wirklichkeit. Bd. 2. Bonn 2010

Bellamy, Olivier: Martha Argerich. Die Löwin am Klavier. München 2011

Benedetti, Gaetano: Psychodynamik der Zwangsneurose. Darmstadt ²1989

Bergler, Edmund: Zur Psychologie des Hasardspielers. In: Imago. Zt. f. Psa. Bd. 6, Wien 1936, S. 409-441.

Beuytendijk, Frederik Jacobus Johannes: Wesen und Sinn des Spiels. Berlin 1933

Das Menschliche: Weg zu seinem Verständnis. Stuttgart 1958

Bolz, Norbert: Die neuen Jakobiner. In: Focus Magazin, Nr. 37, 2010
http://www.focus.de/wissen/bildung/philosophie/tid-20094/debatte-die-neuen-jakobiner_aid_550734.html

Canetti, Elias (1960): Von den Stellungen des Menschen: Was sie an Macht enthalten. In: Canetti, Elias: Masse und Macht. Frankfurt/M ^{27}2001

Damasio, Antonio R: Ich fühle, also bin ich. Die Entschlüsselung des Bewusstseins. München 2000

Descartes, René (1641): Meditationes de Prima Philosophia/ Meditationen über die Erste Philosophie. Lateinisch/ deutsch. Übersetzung von G. Schmidt. Ditzingen 1986

Dichter, Ernest (1961): Strategie im Reich der Wünsche. München 1964

Dostojewksi, Fjodor M.: Erniedrigte und Beleidigte (1861). München 1966

- Der Spieler (1867). In: Dostojewski, Fjodor M.: Späte Romane und Novellen. München 1965, S. 7-217

Eisenführ, Franz; Weber, Martin (1993): Rationales Entscheiden. Berlin ^{2}1994

Ende, Michael: Momo. Stuttgart 1973

Erikson, Erik H.: Identität und Lebenszyklus. Drei Aufsätze. Frankfurt/M. 1966

Fenichel, Otto: Hysterien und Zwangsneurosen. Psychoanalytische spezielle Neurosenlehre. Wien 1931

Freud, Sigmund (1900): Die Traumdeutung. In: Studienausgabe. Bd. II, Frankfurt/M. ^{4}1972

- Bemerkungen über einen Fall von Zwangsneurose (1909): In: Studienausgabe. Bd. VII. Zwang, Paranoia und Perversion. Frankfurt/M., 2. korrigierte Auflage. 1973, S. 31-103

- Vorlesungen zur Einführung in die Psychoanalyse (1917). In: Studienausgabe Bd. I. Vorlesungen zur Ein-

führung in die Psychoanalyse und Neue Folge. Frankfurt/M. ^{7}1969
- Die endliche und die unendliche Analyse (1937): In: Studienausgabe. Schriften zur Behandlungstechnik. Ergänzungsband. Frankfurt/M. 1975, S. 351-392
- Die Ichspaltung im Abwehrvorgang (1938). In: Studienausgabe. Bd. III. Psychologie des Unbewussten, Frankfurt/M. 1973

Gernhardt, Robert: Begegnung mit einem Geist. In: Gernhardt, Robert: Über alles. Ein Lese- und Bilderbuch. Zürich 1994, S. 473

Gessen, Keith; Taylor, Astra; Greif, Mark; Blumenkranz, Carla; Glazek, Christopher; Leonard, Sarah; Ross, Kathleen; Sayal, Nikil; Schmitt, Eli (Hg.): Occupy!: Die ersten Wochen in New York. Eine Dokumentation, Berlin 2011

Goethe, Johann Wolfgang von (1808): Faust, 1. Teil (1808). In: Goethes ausgewählte Werke in sechzehn Bänden. 5. Band. Leipzig o.J.

Gontscharow, Iwan Alexandrowitsch (1859): Oblomow. Frankfurt/M. 1981

Greif, Mark: Vielleicht war die Apokalypse ja schon da. Interview im Kölner Stadt-Anzeiger vom 4. Januar 2012, S. 21

Grimm, Jakob und Wilhelm: Kinder und Hausmärchen (in zwei Bänden) (1812 und 1815). Herausgegeben und mit einem Nachwort versehen von Carl Helbling. 1. Bd. Zürich ^{12}1986 und 2. Bd. Zürich ^{14}1991

Häcker, Norbert: Psychologische Analyse des Lampenfiebers bei Rockmusikern. Unveröffentl. Diplomarbeit. Köln 1987

Hauff, Wilhelm: Die Geschichte von dem Gespensterschiff (1825). In: Märchen-Almanach auf das Jahr 1826. Paderborn 2011

Hessel, Stéphane: Empört euch! (2010). Berlin 2011

Hoffmann, Ernst Theodor Amadeus: Spielerglück (1821). In: Poetische Werke in sechs Bänden, Band 4, Berlin 1963, S. 255-295

Isaacson, Walter: Die autorisierte Biographie des Apple-Gründers. New York 2011

Jungermann, Helmut; Pfister, Hans-Rüdiger; Fischer, Katrin (1998): Die Psychologie der Entscheidung. Heidelberg ²2005

- Kafka, Franz (1914/15): Der Prozess. Frankfurt/M. 1973
 (1922): Das Schloss. Frankfurt/M. 1968

Kahnemann, Daniel; Tversky, Amos: Choices, Values and Frames. New York 2000

Kleist, Heinrich von: Über das Marionettentheater (1810). Ditzingen 2009

Lazarus, Moritz: Über die Reize des Spiels. Berlin 1883

Lofting, Hugh: Doktor Doolittle und seine Tiere (1920). Hamburg 2000

Marcia, James E. (1989). Identity diffusion differentiated. In: Luszcz, M. A.; Nettelbeck, T. (Hg.): In: Psychological development across the life-span North-Holland, S. 289-295

Martenstein, Harald: Der Sog der Masse. In: Die ZEIT vom 20. November 2011, Nr. 46, S. 17-19

Mentzos, Stavros: Neurotische Konfliktverarbeitung. Einführung in die psychoanalytische Neurosenlehre unter Berücksichtigung neuer Perspektiven. Frankfurt/M. ²²1984

Murray, Henry Alexander u. Morgan, Christiane Drummond: Method for Investigating Phantasies (1935): In: The Thematic Apperception Test. Arch. Neurol. Psychiatry 34, p. 289ff.

Musil, Robert: Der Mann ohne Eigenschaften (1930-42): In: Gesammelte Werke, Bd. 1. Hg. von Adolf Frisé. Reinbek bei Hamburg 1978

Pagnoni, Guiseppe; Zink, Caroline F.; Montague, P. Read,; Berns, Gregory S.: Activity in human ventral striatum locked to errors of reward prediction. In: Nat. Neurosci. 5: 97-98, 2002

Poe, Edgar Allen (1845): Der Alb der Perversheit. In: E. A. Poe in 10 Bänden. Bd. 4, Olten 1966, S. 828-838

Proust, Marcel: Auf der Suche nach der verlorenen Zeit (1908/09-1922). Frankfurt/M. 1979

Rauchfleisch, Udo: Der Thematische Apperzeptionstest TAT in Diagnostik und Therapie. Eine psychoanalytische Interpretationsmethode. Stuttgart 1989

Reik, Theodor (1925): Der Selbstverrat. In: Der unbekannte Mörder. Psychoanalytische Studien. Frankfurt/M. 1983, S. 62-90

Revers, William J.: Der Thematische Apperzeptionstest. Bern/Stuttgart 1958, u. Täuber, Karl ^{2}1968, ^{3}1973

Roth, Philip (2010): Nemesis. München 2011

Salber, Wilhelm (1953): Urteil, Entschluss und Entscheidung. Psych. Beitr. Bd. I, 3, S. 435-469

- (1956): Über psychische Handlungseinheiten. In: Jb. f. Psychol., Psychoth. u. med. Anthrop. (4) 1/2, S. 128-147
- (1965) Morphologie des seelischen Geschehens. 3. überarbeitete Aufl. Bonn 2009

- Konstruktion psychologischer Behandlung. Bonn 1980
- Haben Drogen eine Seele? In: Materialband zur Ausstellung des Rautenstrauch-Joest-Museums für Völkerkunde der Stadt Köln 1981, 1246-1255; auch in: Völger, G. (Hg.): Rausch und Realität, Bd. 2, Hamburg Reinbek 1981, S. 710-714
- Psychologische Märchenanalyse. Bonn 1987 u. 2. erw. Aufl. Bonn 1999
- Seelenrevolution. Bonn 1993
- Wirkungsanalyse. Bonn 1995
- Die ausgekuppelte Kultur. Ein Interview mit Wilhelm Salber über Zustand und Entwicklungen der Kultur von E. M. Thoms. In: Zwischenschritte, 1/1999, S. 7-13
- Die eine und die andere Seite. Bonn 2008

Sander, Friedrich: Ganzheitspsychologie. München 1962
Schiller, Friedrich: Wallensteins Tod. München 1961
Seifert, Werner: Phantastische Geschichten – Psychodiagnostik mit dem Thematischen Apperzeptionstest am Beispiel des TAT. In: Zwischenschritte, 1983, S. 27-43
- Der Charakter und seine Geschichten – Psychodiagnostik mit dem Thematischen Apperzeptionstest (TAT). Beiträge zur Psychodiagnostik des Kindes, 6. München/Basel 1984

Shakespeare, William: Hamlet. Englisch-Deutsche Studienausgabe. Tübingen 2006
Sloterdijk, Peter: Du musst dein Leben ändern. Frankfurt/M. 2009
Stekel, Wilhelm: Zwang und Zweifel. Berlin, Wien 1928
Stern, Daniel (1985): Die Lebenserfahrung des Säuglings. Stuttgart 1992

Svevo, Italo (1923): Zenos Gewissen. Frankfurt/M. ⁴2003

Vismann, Cornelia; Weitin, Thomas (Hg.): Urteilen/Entscheiden. München 2006

Vogl, Joseph: Über das Zaudern (2007). Zürich-Berlin ²2008
- Das Gespenst des Kapitals (2010). Zürich-Berlin ²2011

Von Ehrenfels, Christian: Über Gestaltqualitäten. In: Vierteljahrsschrift für wissenschaftliche Philosophie 14, 1890, S. 249-292

Von Matt, Peter: Wörterleuchten. Kleine Deutungen deutscher Gedichte. München 2009

Wertheimer, Max:. Untersuchungen zur Lehre von der Gestalt (1923). In: Psychologische Forschung: Zeitschrift für Psychologie und ihre Grenzwissenschaften 4: 301-350

Winkler, Heinrich August: Was ist das überhaupt: *der Westen?* Interview in: Die Literarische Welt. Beilage der Welt, vom 8. Oktober 2011, Nr. 40, S. 1

Abbildungen

S. 25, S. 38, S. 118 Manuel Kurpershoek. In: Kurpershoek, Manuel; Texte von Becker, Alfred: Hersenpinsels/Hirngespinste. Nijmegen 2011.
Erhältlich über info@tagundtraum.net

S. 73 Albrecht Dürer: Selbstbildnis (1522)
Quelle:
http://de.wikipedia.org/wiki/D%C3%BCrers_Selbstbildnisse

S. 76 Illustration zu Wilhelm Hauff: *Märchen*, „Die Geschichte von dem Gespensterschiff". Etwa Mitte des 19. Jahrhunderts. Gemeinfrei. Wikimedia.
Quelle:
http://de.wikipedia.org/w/index.php?title=Datei:Gespensterschiff-1.jpg&filetimestamp=20070628070908

S. 84 Willemien Min. In: Hagen, Hans; Min, Willemien: Ik schilder je in Woorden. Amsterdam 2001

S. 199 Max Slevogt: Das tapfere Schneiderlein. In. Alte Märchen mit der Feder erzählt, in Worte gefasst von
J. Zimmermann. Berlin 1920. Foto der Autorin.